Cuisiner pour votre bébé

des repas maison, sains et délicieux
pour les tout-petits de 6 à 18 mois

Recettes de Lisa Barnes

Photographies de Tucker + Hossler

 Broquet

97-B, Montée des Bouleaux,
Saint-Constant, Qc, Canada, J5A 1A9
Tél. : 450.638.3338, Téléc. : 450.638.4338
Internet : www.broquet.qc.ca Courriel : info@broquet.qc.ca

Table des matières

Introduction des solides

Le début de l'alimentation solide est une des grandes étapes de la première année d'un enfant. C'est l'un des sujets sur lesquels tout le monde a une opinion, comme sur les chaussettes que bébé devrait porter, ou non, pour ne pas avoir froid aux pieds ou sur l'âge auquel il devrait commencer à ramper.

Rien ne presse

Il y a à peine une ou deux générations, on commençait généralement à servir à bébé des aliments solides à l'âge précoce de 6 semaines. Les opinions ont changé et la plupart des experts recommandent aujourd'hui l'allaitement maternel (ou le lait de formule) exclusif pendant les premiers mois. L'introduction des solides dans l'alimentation de bébé ne devrait pas se faire avant l'âge de 6 mois. On peut servir des aliments solides un peu plus tôt, à 4 mois, mais une alimentation solide avant cet âge favorise les allergies, le diabète et l'obésité.

Souvent les parents s'inquiètent que leur bébé n'obtienne pas tout ce dont il a besoin dans le seul lait maternel ou lait de formule avant l'âge de 6 mois, et un bébé qui traverse une poussée de croissance peut certes sembler vorace. Mais les bébés peuvent généralement se développer très bien pendant toute la durée de l'alimentation liquide seule. En fait, le lait maternel ou le lait de formule devrait constituer la plus grande partie de l'alimentation de l'enfant jusqu'à son premier anniversaire. Jusque-là, l'alimentation solide ne doit pas être considérée comme le moyen de fournir à bébé sa principale source de nutrition, mais comme une façon pour les parents de laisser leur enfant explorer un monde de nouvelles saveurs, de nouvelles textures et de nouvelles températures, exercer ses compétences à manger et apprendre à apprécier les aspects sociaux liés aux repas.

Surveiller les indices

Le meilleur moyen de savoir si votre bébé est prêt à commencer les solides est de demeurer à l'affût des indices. Voici quelques signaux qui montrent que le moment est venu de commencer à offrir une alimentation solide :

- Votre bébé est capable de s'asseoir par lui-même, sans votre aide.
- Votre bébé est capable de tourner la tête, de refuser la nourriture que vous lui présentez.
- Votre bébé persiste à avoir faim après ses repas habituels.
- Votre bébé vous regarde fixement lorsque vous mangez ou s'empare de votre nourriture.
- Votre bébé peut avaler des aliments en purée, plutôt que de les recracher par réflexe.

Âges et stades

Les recettes contenues dans ce livre sont divisées en chapitres selon l'âge et correspondent aux tendances générales du développement des bébés. Gardez à l'esprit que chaque bébé se développe différemment des autres et que vous et votre pédiatre êtes les mieux placés pour juger de ce que votre bébé doit manger et du moment où il peut le faire. Si vous avez des problèmes de santé, comme des allergies, discutez de ces questions avec un professionnel de la santé et laissez-vous guider par ses conseils.

Aliments sains préparés à la maison

Consommez-vous beaucoup d'aliments en pot, en conserve ou transformés ? Si la réponse est non, pourquoi votre bébé devrait-il le faire ? Les aliments que vous présentez à votre bébé maintenant, dans les premiers mois de sa vie, aideront votre enfant à façonner ses goûts pour de nombreuses années à venir.

Aliments bio

Pour éviter d'exposer votre enfant à des toxines, choisissez autant que possible des ingrédients biologiques pour la préparation de ses repas. C'est particulièrement important pour les fruits et les légumes à pelure mince, comme les pommes ou les pommes de terre, car ces végétaux absorbent les pesticides plus facilement que d'autres aliments. Il est également sage d'acheter des versions biologiques d'aliments gras, tels que les viandes, les produits laitiers et les huiles. Les pesticides et autres toxines environnementales tendent à s'emmagasiner dans les cellules graisseuses.

Si vous ne servez à votre bébé que des céréales et des aliments transformés en pot et au goût fade, votre bébé s'habituera aux aliments transformés sans saveurs. Par contre, si vous lui servez une variété de fruits et de légumes frais, des céréales et des viandes assaisonnées d'herbes et d'épices, vous formez son palais aux plaisirs de la table et lui inculquez de saines habitudes alimentaires qu'il conservera sa vie durant. Les avantages de préparer les aliments pour bébé à la maison sont nombreux :

- **C'est naturel** Vous savez exactement ce que vous servez à bébé ; ses repas ne contiennent ni agents de conservation ni agents de remplissage.
- **C'est polyvalent** Les purées maison peuvent être diluées avec du lait maternel, du lait de formule ou de l'eau de cuisson de légumes pour un surplus nutritif. À mesure que votre bébé grandit, vous pouvez préparer sa nourriture en lui donnant la texture et l'épaisseur voulue, ce qui aidera votre enfant à apprendre de façon progressive et naturelle à s'alimenter.
- **C'est varié** Tous les légumes, fruits, céréales ou viandes ne sont pas offerts dans les petits pots pour bébé. En revanche, vous pouvez cuisiner et réduire en purée tous les aliments que vous et votre bébé aimez.
- **C'est plus nutritif** Les aliments en pot pour bébé sont chauffés à des températures extrêmement élevées au cours du processus de transformation, ce qui détruit certaines vitamines sensibles à la chaleur de manière plus importante que ne le fait la cuisson ordinaire.

Bien entendu, les aliments préparés pour bébé sont commodes et peuvent avoir leur place dans le garde-manger familial. Mais pour les parents qui aiment cuisiner et prendre de bons repas, rien n'empêche d'inclure bébé dans ces habitudes alimentaires et de commencer à l'exposer aux aliments qu'il mangera bientôt avec le reste de la famille.

Préparer des aliments maison pour bébé nécessite du temps et de l'énergie à petite dose lorsque vous avez un nouveau-né. Mais si vous préparez plusieurs portions à la fois et les congelez (voir page 15), les aliments maison seront aussi commodes pour vous que les petits pots du commerce.

Un début simple

À 6 mois, le système digestif de votre bébé est encore tout neuf. Les premiers aliments que vous servez à bébé doivent être les plus doux et les plus digestes.

L'introduction des solides dans l'alimentation est un lent processus de construction d'un répertoire. Chaque nouvel aliment que vous servez à bébé vous permet de former son goût et de vérifier sa tolérance. Certains aliments peuvent ne pas lui convenir et lui causer des éruptions cutanées, des gaz, de la constipation, de la diarrhée ou des vomissements. Pour cette raison, les nouveaux aliments doivent être introduits un à la fois. Si un aliment ne convient pas à votre bébé, il peut se passer un jour ou deux avant que cela devienne évident. Ainsi, lorsque vous introduisez un nouvel aliment, servez-le pendant au moins trois jours à votre bébé avant de lui présenter un nouvel aliment. Si votre bébé ou votre famille a tendance à avoir des allergies, vous pouvez prolonger cette période d'essai à 5, 6 ou 7 jours. Cette approche progressive permet de reconnaître tout aliment pouvant être la cause d'un problème.

Premières saveurs
Ces aliments sont digestes et nutritifs et conviennent aux bébés en général :

- riz
- millet
- orge
- patate douce et igname
- citrouille et courge
- pomme de terre
- pomme cuite
- poire cuite
- avocat
- banane

Aliments producteurs de gaz
Si votre bébé souffre de coliques ou de gaz, ces aliments peuvent aggraver le problème :

- haricots
- pois
- lentilles
- brocoli
- chou
- chou-fleur
- lait de vache
- concombre
- oignon

Aliments allergisants
Plusieurs aliments peuvent être allergisants, mais la plupart des mauvaises réactions sont causées par très peu d'aliments :

- lait de vache
- blanc d'œuf
- poisson
- mollusques et crustacés
- noix
- arachides
- soja
- fraise
- blé

Préparation des aliments

Cuisiner des aliments pour bébé est facile lorsque vous préparez plusieurs portions à la fois. Si vous pouvez vous réserver du temps le dimanche matin et le mercredi soir pour la préparation des repas, vous aurez à votre disposition des aliments maison tout au long de la semaine, même si vous travaillez à plein temps.

La salubrité avant tout

Lorsque votre bébé est âgé de 6 mois, vous n'avez plus besoin d'ébouillanter ou de stériliser ses ustensiles, mais vous devez toujours vous laver les mains et travailler sur des surfaces propres avec des ustensiles de cuisson soigneusement lavés à l'eau chaude savonneuse. Conservez les aliments périssables au froid et utilisez des surfaces et des contenants séparés pour la volaille et la viande crue. Lavez à fond tous les fruits et légumes, même ceux dits biologiques.

Ou, si vous préparez une grande quantité de portions et que vous utilisez le congélateur, vous pouvez cuisiner moins souvent.

Les meilleures méthodes de cuisson

Les premiers aliments solides servis à bébé seront probablement cuits à la vapeur ou pochés. Ce sont des méthodes de cuisson simples qui ne nécessitent pas de gras, lequel peut être difficile à digérer au début. La cuisson à la vapeur est une très bonne méthode à utiliser parce que les aliments ne sont pas en contact direct avec de l'eau, qui lessive les éléments nutritifs. La cuisson pochée ressemble à la cuisson mijotée, mais requiert moins d'eau et se fait sur un feu doux : de grosses bulles devraient monter lentement pendant la cuisson pochée.

Le rôtissage est une autre façon de faire cuire les aliments pour bébé, en particulier les légumes-racines et les viandes. C'est très simple à faire et, si vous utilisez une minuterie, vous pouvez vaquer librement à d'autres tâches en préparant le repas.

Faites cuire les aliments jusqu'à ce qu'ils soient très tendres, mais ne les faites pas trop cuire. Plus les aliments cuisent longtemps, plus ils perdent de leurs éléments nutritifs ; parfois leur saveur en souffre aussi.

Les outils dont vous aurez besoin

Utiliser le bon équipement permet de simplifier la préparation des aliments pour bébé. Un panier cuit-vapeur (une marguerite), une casserole, un moule à pâtisserie et un robot culinaire ou un mélangeur sont tout ce dont vous avez vraiment besoin pour préparer une large gamme d'aliments. Pour réduire des aliments en purée, un robot culinaire, un mélangeur ou même un moulin font parfaitement l'affaire ; vous pouvez aussi passer les aliments au tamis en vous aidant d'une cuillère en bois ou d'une spatule, ou les écraser au pilon. Chaque méthode produit une texture que bébé explorera en s'amusant. Les cuillères thermosensibles peuvent vous aider à faire en sorte que les aliments ne soient pas trop chauds.

Conservation des aliments

Si vous cuisinez des aliments maison, votre congélateur deviendra bientôt un lieu très fréquenté. Préparer des aliments pour bébé peut devenir aussi facile que d'utiliser des petits pots : il suffit de cuisiner en quantité, puis de diviser la préparation en portions à conserver au congélateur.

Congélation des aliments

En règle générale, les aliments fraîchement cuits se conservent 3 jours au réfrigérateur ou 3 mois au congélateur. Lorsque vous préparez des purées à partir des recettes de ce livre, conservez une partie de la préparation au réfrigérateur ou au congélateur. Laissez refroidir la nourriture environ une demi-heure à température ambiante avant de la mettre au froid. Les bacs à glaçons avec couvercles ont un format parfait pour la congélation de portions de purée pour bébé. Il suffit de congeler les portions dans le bac à glaçons, puis de transférer les cubes congelés dans un sac à congélation. À mesure que bébé grandit et que ses portions grossissent, les petits contenants en verre avec couvercles peuvent aller du congélateur au réfrigérateur et au four à micro-ondes – et nul besoin de s'inquiéter de l'utilisation de contenants en plastique dans le four à micro-ondes.

Assurez-vous d'apposer une étiquette sur tout ce que vous conservez au congélateur en y indiquant le contenu et la date. Vous pourriez ne plus reconnaître les aliments après quelques semaines d'entreposage.

Décongélation et réchauffage

Tant la décongélation que le réchauffage peuvent favoriser la croissance des bactéries. Voici des directives simples pour conserver les aliments de bébé avec le plus de salubrité possible :

- Décongelez les aliments au réfrigérateur ou au four à micro-ondes. Ne laissez pas la nourriture de bébé reposer sur le comptoir pendant plus de 60 minutes, ou 30 minutes par temps chaud.
- Pour amener la portion réfrigérée à la température ambiante, sortez-la du réfrigérateur 15 à 30 minutes avant de la servir.
- La meilleure façon de réchauffer les purées est de les mettre dans une casserole sur un feu moyen-doux. Les fours à micro-ondes ne sont pas recommandés, car ils peuvent créer des parties chaudes dans un bol de nourriture, ce qui risque de causer des brûlures à bébé. Vérifiez toujours la température de la nourriture avant de la lui servir.
- Ne recongelez pas des aliments qui ont déjà été congelés.

Les repas mangés à moitié

Lorsque vous nourrissez votre bébé, sachez que la cuillère transportera des bactéries de la bouche de bébé à son bol de nourriture. Un bol d'aliments consommés en partie contient plus de bactéries qu'un bol d'aliments fraîchement cuits ; ainsi, il est généralement imprudent de conserver ce reste de nourriture et de le réchauffer plus tard. Il est préférable de mettre une petite partie de la nourriture dans un bol de service avant d'y tremper la cuillère de bébé. Si vous réchauffez un bol d'aliments consommés en partie, faites-le à l'intérieur d'un jour ou deux.

6 MOIS

Les premières saveurs

Comment commencer

Quel sera le premier aliment que vous servirez à bébé ? Vous entendrez et lirez beaucoup de conseils sur le sujet ; d'aucuns recommanderont des céréales de riz enrichies pour bébé, d'autres des fruits doux et sucrés, d'autres encore des légumes et des légumineuses. En fait, l'ordre de présentation n'a pas vraiment d'importance.

Certains disent que les premiers aliments pour bébé ne doivent pas être des fruits, car ils sont riches en sucres naturels, ce qui rendrait bébé gourmand. Toutefois, un bébé nourri au sein a déjà une préférence pour les aliments sucrés, car le lait maternel est très sucré. Pour ces bébés, les fruits peuvent constituer une transition naturelle du lait maternel vers les aliments solides.

Tout est dans la consistance

Le premier repas que vous servez à bébé doit avoir une consistance très fluide, c'est-à-dire qu'il doit être plus liquide que solide. Les jeunes bébés ont un réflexe de protection qui les empêche d'avaler des aliments solides. Ainsi, avaler des aliments est une compétence que votre bébé doit acquérir. Vous pouvez utiliser un robot culinaire, un moulin, un mélangeur ou un tamis pour réduire en purée tous les aliments, et délayer le mélange en y ajoutant de l'eau, du lait maternel ou du lait de formule. (Plus tard, lorsque vous voudrez épaissir une purée liquide, ajoutez-y des céréales pour bébé.)

Allez-y doucement

Introduisez progressivement les nouveaux aliments un à un et surveillez les effets indésirables. Chaque nouvel aliment doit être offert pendant au moins trois jours avant qu'un nouvel aliment ne soit présenté. Servez chaque nouvel aliment à bébé en début de journée, de sorte que si l'aliment provoque une réaction indésirable dans les heures qui suivent, le problème est moins susceptible de se produire au milieu de la nuit, lorsque toute la famille est endormie.

Ne forcez rien

Le repas doit toujours être agréable et engageant. Il vous faudra garder plusieurs tours dans votre sac : certains bébés ont besoin que leurs parents leur montrent à quel point la nourriture est délicieuse en en prenant eux-mêmes quelques bouchées et en s'exclamant sur le goût ; d'autres sont plus susceptibles d'ouvrir la bouche quand « l'avion s'envole vers le hangar ». Laissez-vous guider par sa personnalité lorsqu'il s'agit de partager les plaisirs de la nourriture.

Quelle quantité et
à quelle fréquence ?

Gardez à l'esprit que, durant la première année, le lait maternel ou le lait de formule devrait continuer à être la principale source alimentaire de bébé. Offrez à bébé du lait maternel ou de formule avant de lui servir des aliments solides, de sorte que ces aliments ne remplacent pas son menu habituel, mais le complètent tout simplement.

Lorsqu'il est prêt à commencer les solides, servez-lui des aliments seulement une fois par jour pendant les deux premières semaines ou le premier mois. Le reste de son alimentation sera constitué du menu habituel au lait maternel ou au lait de formule. Cela peut sembler peu, mais le lait est rempli de gras et d'éléments nutritifs. Si bébé grandit bien et que le médecin est satisfait de ses progrès, c'est qu'il mange suffisamment.

Suivez son rythme

Laissez votre bébé décider de l'aliment qu'il mangera et de la quantité qu'il prendra. Le repas d'un bébé de 6 mois va de quelques cuillerées à thé (environ 25 ml) jusqu'à un quart de tasse (60 ml). Offrez-lui la nourriture à la cuillère ou avec les mains. Lorsque bébé perd de l'intérêt, tourne la tête, pince les lèvres, repousse la cuillère ou recrache sa nourriture, c'est signe qu'il a fini de manger. Cela n'importe guère qu'il ait fini ou non toute la nourriture dans son bol. S'il ne semble pas intéressé à manger des aliments solides en général, essayez de nouveau dans quelques jours ou la semaine suivante.

Les bébés ont besoin de fer

La carence alimentaire la plus fréquente chez les bébés est le manque de fer, qui provoque de l'anémie. Les parents doivent en être conscients : à long terme, l'anémie non traitée chez les nourrissons peut conduire à des déficits cognitifs, même des années plus tard. Les bébés nés à terme ont des réserves de fer qui durent environ 6 mois ; après cela, ils ont besoin de fer dans leur alimentation.

Certains aliments sont naturellement riches en fer, et d'autres sont enrichis de fer, en particulier les aliments pour bébé. Pour les bébés de 6 mois (ou plus jeunes), les meilleures sources de fer sont le lait maternel, le lait de formule enrichi de fer, les céréales pour bébé enrichies de fer et la purée ou le jus de pruneaux. Parfois, le pédiatre recommandera des gouttes de fer. La viande et la volaille sont d'excellentes sources de fer ; de petites quantités de purée de viande peuvent être introduites peu après que bébé a commencé à manger des aliments solides. Pour d'autres aliments riches en fer, voir à la page 137.

Pour d'autres aliments riches en fer, voir à la page 137.

Un peu d'eau pour arroser ça

Une fois que votre bébé commence à manger des aliments solides, offrez-lui de l'eau à boire. Vous pouvez lui donner dans un biberon ou dans une tasse à bec ; à 6 mois, il n'est pas trop jeune pour commencer à apprendre à boire dans une tasse. Cette eau supplémentaire le maintient hydraté et lui permet de digérer sa nourriture. À cet âge, vous n'avez pas besoin de faire bouillir l'eau ; il peut boire l'eau du robinet. Si votre famille boit de l'eau en bouteille, notez que cette eau n'est pas fluorée, contrairement à l'eau du robinet (quoique cela dépende du lieu où vous vivez). Vous pouvez acheter des bouteilles d'eau fluorée pour bébé.

Purée de petits pois

petits pois frais ou surgelés, 2 tasses/ 500 ml / 10 oz

DONNE
1½ TASSE / 375 ML

● Amenez 1 po / 2,5 cm d'eau à ébullition dans une casserole. Mettez les petits pois dans un panier cuit-vapeur (ou une marguerite), placez le panier dans la casserole, couvrez hermétiquement et faites cuire à la vapeur jusqu'à ce que les pois soient d'un vert vif et qu'ils aient suffisamment cuit pour être facilement réduits en purée à la fourchette, de 5 à 7 minutes pour les pois frais ou surgelés, 3 minutes pour les pois décongelés. Retirez le panier de la casserole et réservez le liquide de cuisson. Rincez les pois à l'eau froide courante pour arrêter la cuisson.

● Passez les pois au robot culinaire jusqu'à consistance lisse. Ajoutez du liquide de cuisson, du lait maternel ou du lait de formule à la purée de pois pour lui donner une consistance qui convient à votre bébé.

Pour conserver Réfrigérez la purée de pois refroidie dans un contenant hermétique pour une durée maximale de 3 jours, ou congelez-la dans des bacs à glaçons ou autres contenants pour une durée maximale de 3 mois.

La purée de pois maison est d'un beau vert vif, contrairement aux purées en pot vendues dans les supermarchés, qui sont d'une couleur plutôt terne. Pour que les petits pois conservent leur couleur vive, il ne faut pas trop les cuire. Les petits pois surgelés constituent le meilleur choix après les pois frais : vous pouvez vous les procurer toute l'année et ils vous font gagner du temps, car ils sont déjà écossés.

6 mois

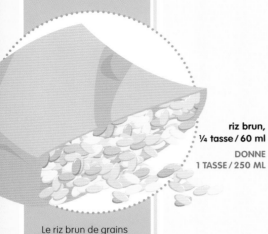

Céréales de riz pour bébé

**riz brun,
¼ tasse / 60 ml**

DONNE
1 TASSE / 250 ML

● Mettez le riz dans un mélangeur et réduisez-le en poudre, de 3 à 5 minutes, à vitesse moyenne ou élevée.

● Faites chauffer 1 tasse / 250 ml d'eau dans une petite casserole à feu moyen. Ajoutez la poudre de riz brun et réduisez le feu. Faites cuire en brassant constamment jusqu'à ce que l'eau soit absorbée, de 4 à 5 minutes.

● Ajoutez de l'eau, du lait maternel ou du lait de formule aux céréales pour leur donner une consistance qui convient à votre bébé. À mesure que bébé grandit et essaie de nouveaux aliments, combinez des céréales de riz avec des fruits ou des légumes en purée.

Remarque Les céréales de riz pour bébé préparées commercialement sont généralement enrichies de fer. Si vous préparez des céréales de riz à la maison, discutez avec votre pédiatre des besoins en fer de votre bébé. Il existe toute une gamme d'aliments qui peuvent fournir aux jeunes bébés le fer dont ils ont besoin, notamment le lait maternel, le lait de formule, la viande, la volaille, les pruneaux et les abricots séchés. Réfrigérez les céréales refroidies dans un contenant hermétique pour une durée maximale de 3 jours, ou congelez-les dans des bacs à glaçons ou autres contenants pour une durée maximale de 3 mois.

Le riz brun de grains entiers conserve sa coque ; le riz blanc n'a plus sa coque. La coque donne au riz sa chaleureuse couleur brune et le rend plus nutritif et savoureux que le riz blanc. Lorsque bébé aura un peu grandi et sera capable de tolérer des aliments plus solides, vous pourrez essayer une version plus consistante de cette recette de base à la page 62.

Purée de courgettes

courgettes ou autres courges d'été, 2 grosses ou 3 petites

DONNE 1½-2 TASSES / 375-500 ML

● Coupez les courgettes en rondelles de 1 po / 2,5 cm d'épaisseur. Amenez 1 po / 2,5 cm d'eau à ébullition dans une casserole. Mettez les courgettes dans un panier cuit-vapeur (ou une marguerite), placez le panier dans la casserole. Couvrez hermétiquement et faites cuire les courgettes à la vapeur jusqu'à ce qu'elles soient très tendres, de 5 à 9 minutes, selon la taille des morceaux.

● Passez les courgettes au robot culinaire jusqu'à consistance lisse. Il ne sera pas nécessaire d'ajouter du liquide. À mesure que bébé vieillit, ajoutez-y des céréales pour bébé afin d'épaissir cette purée plutôt liquide, si vous le désirez.

Remarque Étant donné que bébé mangera la pelure, assurez-vous d'acheter des courges biologiques, si possible. Pour conserver, réfrigérez la purée refroidie dans un contenant hermétique pour une durée maximale de 3 jours, ou congelez-la dans des bacs à glaçons ou autres contenants pour une durée maximale de 3 mois.

Les courgettes et autres courges d'été, comme les pâtissons et les courges torticolis, ont une chair aqueuse, des graines tendres et une pelure mince et comestible. La courgette est un bon choix comme premier légume vert pour bébé, car elle est légère et digeste et offre un large assortiment de nutriments, notamment de la vitamine A, du potassium et du magnésium.

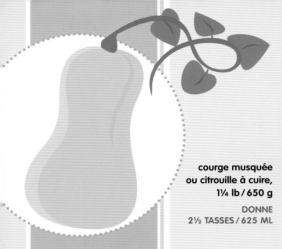

Purée de courges d'hiver

courge musquée ou citrouille à cuire, 1¼ lb / 650 g

DONNE
2½ TASSES / 625 ML

Les courges d'hiver ont une pelure épaisse et des graines non comestibles. La courge musquée, la courge poivrée et la citrouille sont les plus populaires, mais toutes les courges d'hiver peuvent être cuisinées de cette façon. Le rôtissage fait ressortir les sucres naturels et leur riche saveur. Comme les courges d'été, les courges d'hiver offrent un large éventail de vitamines, de minéraux et de fibres, mais elles sont particulièrement riches en vitamines A et C.

● Préchauffez le four à 350 °F (175 °C). Coupez les courges en deux à l'aide d'un gros couteau aiguisé. Grattez les graines et la chair fibreuse et jetez-les.

● Mettez les courges, côté peau vers le haut, dans un plat creux. Versez de l'eau dans le plat jusqu'à ¼ de pouce des côtés des courges. Faites rôtir au four jusqu'à ce qu'elles soient tendres lorsque vous les percez à la fourchette, de 45 minutes à 1 heure, selon la taille des morceaux. Laissez refroidir.

● Raclez la chair à la cuillère et passez-la au robot culinaire jusqu'à consistance lisse. Ajoutez de l'eau, du lait maternel ou du lait de formule aux courges pour leur donner une consistance qui convient à votre bébé.

Pour conserver Réfrigérez la purée refroidie dans un contenant hermétique pour une durée maximale de 3 jours, ou congelez-la dans des bacs à glaçons ou autres contenants pour une durée maximale de 3 mois.

Purée de patates douces

Les patates douces sont de puissantes centrales nutritionnelles, remplies de bêta-carotène, de fibres, de vitamines A et C et de minéraux comme le fer et le cuivre. Faites-en un aliment de base dans l'alimentation de votre bébé. Vous trouverez des patates douces de différentes variétés et de diverses teintes de chair, allant du beige au jaune, en passant par l'orange (souvent nommées «ignames»).

patates douces, 2, brossées
DONNE
2 TASSES / 500 ML

- Préchauffez le four à 425 °F (220 °C). Piquez les patates douces à l'aide d'un petit couteau et déposez-les sur une plaque de cuisson.

- Faites-les rôtir jusqu'à ce qu'elles soient ridées et tendres lorsque vous les percez avec la pointe d'un couteau, de 45 à 60 minutes. Laissez refroidir.

- Coupez les patates douces en deux, videz la chair des pelures et passez-la au robot culinaire jusqu'à consistance lisse. Ajoutez de l'eau, du lait maternel ou du lait de formule aux patates douces pour leur donner une consistance qui convient à votre bébé. À mesure que bébé vieillit et peut manger des purées plus épaisses, écrasez-y une patate douce, entière ou en partie, à la fourchette.

Remarque La méthode de cuisson ci-dessus peut également être utilisée pour des pommes de terre. Pour conserver, réfrigérez la purée refroidie dans un contenant hermétique pour une durée maximale de 3 jours, ou congelez-la dans des bacs à glaçons ou autres contenants pour une durée maximale de 3 mois.

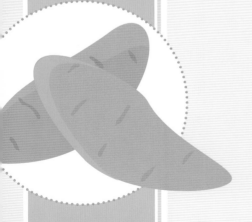

Purée de poires

poires mûres, 4, coupées en quatre et évidées juste avant la cuisson

**DONNE
2 TASSES / 500 ML**

● Amenez 1 po / 2,5 cm d'eau à ébullition dans une casserole. Mettez les poires dans un panier cuit-vapeur (ou une marguerite), placez le panier dans la casserole. Couvrez hermétiquement et faites cuire à la vapeur jusqu'à ce qu'elles soient tendres lorsque vous les percez avec la pointe d'un couteau, de 7 à 10 minutes, selon le degré de maturité.

● Laissez refroidir et raclez la chair de la pelure. Passez les poires au robot culinaire jusqu'à consistance lisse. À mesure que bébé grandit, ajoutez des céréales pour bébé afin d'épaissir cette purée plutôt liquide, si vous le désirez.

Remarque Laissez mûrir les poires sur le comptoir. Pour conserver, réfrigérez la purée refroidie dans un contenant hermétique pour une durée maximale de 3 jours, ou congelez-la dans des bacs à glaçons ou autres contenants pour une durée maximale de 3 mois. Attendez-vous à une légère décoloration pendant la conservation.

Purée de pommes

pommes Golden ou Red Delicious, 6, coupées en quatre et évidées juste avant la cuisson

**DONNE
2 TASSES / 500 ML**

● Amenez 1 po / 2,5 cm d'eau à ébullition dans une casserole. Mettez les pommes dans un panier cuit-vapeur (ou une marguerite), placez le panier dans la casserole. Couvrez hermétiquement et faites cuire à la vapeur jusqu'à ce qu'elles soient tendres lorsque vous les percez avec la pointe d'un couteau, de 10 à 12 minutes.

● Laissez refroidir, conservez le jus de cuisson. Raclez la chair de la pelure et passez-la au robot culinaire jusqu'à consistance lisse. Ajoutez du jus de cuisson pour délayer la purée, si vous le désirez.

Remarque Réfrigérez la purée de pomme refroidie dans un contenant hermétique pour une durée maximale de 3 jours, ou congelez-la dans des bacs à glaçons ou autres contenants pour une durée maximale de 3 mois. Attendez-vous à une légère décoloration pendant la conservation.

Les poires et les pommes sont des aliments agréables pour les bébés qui commencent leur alimentation solide. Cuisinez-les avec la pelure pour retenir plus d'éléments nutritifs. Les poires sont riches en fibres et peuvent prévenir la constipation, alors que les pommes peuvent causer la constipation. Les pommes Golden, Red Delicious et Fujis sont les moins acides, ce qui en fait le meilleur choix pour les jeunes bébés.

6 mois

De nouvelles saveurs

Explorer les saveurs

Beaucoup de bébés acceptent volontiers de manger des aliments solides, tandis que d'autres sont lents à s'y intéresser. Laissez bébé explorer de nouvelles saveurs et de nouvelles textures à son propre rythme, en l'encourageant doucement. Plus il essaiera des saveurs maintenant, plus il acceptera des variétés plus tard.

Nouveaux aliments à essayer

Ces aliments nutritifs sont de bons choix pour les bébés de 7 ou 8 mois.

Graines et céréales

amarante
graines de citrouille (moulues)
graines de pavot
graines de tournesol (moulues)
quinoa
racine de manioc

Légumes

artichaut
asperge
brocoli
carotte
chou
chou de Bruxelles
chou-fleur
concombre
courge d'été
courge d'hiver
laitue (cuite)
panais
poireau
rutabaga

Au début, les aliments en purée doivent rester assez fluides, mais de semaine en semaine, vous pouvez les épaissir progressivement, à mesure que bébé montre qu'il peut les manger. Essayez un tamis, un moulin, un pilon et une fourchette pour créer différentes consistances. Vous pouvez essayer de mélanger des purées lisses avec des morceaux plus gros, ou d'épaissir une purée liquide avec des céréales pour bébé. À 8 mois, certains bébés vont commencer à saisir et à mâcher les aliments qu'ils peuvent prendre avec les doigts. Même avant d'avoir plusieurs dents, les bébés peuvent écraser assez bien leur nourriture.

Quelle quantité et à quelle fréquence ?

Après un mois, commencez à servir à bébé un deuxième repas quotidien, puis le mois suivant, servez-lui un troisième repas quotidien de sorte qu'à 8 mois, il prenne 3 repas par jour. Continuez à le laisser prendre autant de nourriture solide qu'il veut à chaque repas, de préférence peu de temps après lui avoir donné la tétée ou le biberon. De cette manière, le lait maternel ou le lait de formule reste sa principale source de nutrition, et il n'est pas affamé et grincheux au début du repas.

Continuez à introduire un aliment un à la fois dans l'alimentation de bébé, de sorte que si un aliment ne plaît absolument pas à votre enfant, vous serez en mesure de le reconnaître. S'il rejette un aliment ou n'en aime pas la saveur, ne tentez pas de l'amadouer ou de le forcer à manger, mais n'abandonnez pas la partie. Servez-le-lui de nouveau un autre jour. Il est fréquent de voir des bébés accepter un aliment seulement après que celui-ci leur est devenu familier, ce qui peut demander de 10 à 15 tentatives.

Une fois que votre bébé a essayé quelques aliments différents, vous pouvez commencer à les mélanger pour créer de nouvelles combinaisons. Dans ce chapitre, des recettes de purées à un seul aliment sont suivies de recettes de combinaisons d'aliments que votre bébé peut essayer après avoir mangé de chacun des aliments. Une fois que vous aurez pris le rythme, essayez vos propres combinaisons d'ingrédients !

Pur et simple

Certains parents ne peuvent pas attendre que bébé ait tout essayé avant de lui présenter des aliments à partir de leurs propres repas pour les adultes. Si vous souhaitez servir à bébé une portion du repas familial réduite en purée, en plus de ses propres aliments spécialement préparés, voici quelques conseils. (Voir page 136 pour plus de détails sur la nutrition.)

Sel

Les aliments de la table peuvent contenir beaucoup de sel. N'ajoutez pas encore de sel à l'alimentation de votre bébé. Le lait maternel, le lait de formule et de nombreux aliments contiennent naturellement du sodium. Trop de sodium peut surcharger l'organisme de bébé.

Sucre

Les bébés peuvent avoir un faible pour les sucreries, mais il est préférable de les laisser essayer chaque nouvel aliment à l'état naturel et apprendre à apprécier une variété de saveurs. Si vous pensez que des aliments, tels que les céréales ou la viande, ont besoin d'être édulcorés, essayez d'y ajouter une purée de fruits. Le sucre blanc n'a pas de valeur nutritive et les bébés ne devraient pas manger de miel avant l'âge de 1 an; même le miel cuit peut contenir des spores de botulisme potentiellement nocifs. Gardez-vous de lui offrir du jus, même s'il est dilué. Le jus a une teneur élevée en sucre et une faible teneur en fibres et en éléments nutritifs qui, par ailleurs, sont abondants dans les fruits et légumes entiers. C'est une bonne idée de développer le goût des bébés pour de l'eau ordinaire.

Gras

Nous, les adultes, entendons dire partout qu'il faut réduire la teneur en matières grasses dans notre alimentation. Les bébés, cependant, ont besoin d'une alimentation à haute teneur en matières grasses. Le lait maternel, l'aliment naturel par excellence des nourrissons, contient de 40% à 50% de matières grasses et riches en cholestérol. Les bébés bénéficient non seulement des «bons» gras, comme ceux que l'on trouve dans les avocats et l'huile d'olive, mais aussi des gras saturés de source animale, comme la viande et le beurre, qui devront être limités dans l'alimentation plus tard dans la vie. Les matières grasses à ne pas donner à votre bébé sont les gras trans, souvent qualifiés de gras «hydrogénés», contenus dans les aliments transformés et dans les aliments de restauration rapide.

Un mot sur le lait

Lorsqu'ils sont prêts pour cela, le lait entier est une excellente source d'éléments nutritifs pour les tout-petits. Mais continuez le lait maternel et le lait de formule jusqu'à ce que votre bébé ait 1 an. Le lait de vache est le plus fréquent allergène chez les bébés; il est difficile à digérer et interfère avec l'absorption du fer.

Nouveaux aliments à essayer

Ces aliments nutritifs sont de bons choix pour les bébés de 7 à 8 mois.

Fruits
....

abricot (cuit)
bleuet (cuit)
canneberge (cuite)
cerise (cuit)
pêche et nectarine (cuite)
prune et pruneau (cuit)

Légumineuses
....

caroubes
haricots verts
lentilles
pois cassés

Viande
....

agneau
dinde

Purée d'asperges

asperges, 1 botte (environ 1 lb / 450 g), extrémités dures enlevées

DONNE ¾-1 TASSE / 175-250 ML

● Amenez 1 po / 2,5 cm d'eau à ébullition dans une casserole. Mettez les asperges dans un panier cuit-vapeur (ou une marguerite0, placez le panier dans la casserole. Couvrez hermétiquement et faites cuire à la vapeur jusqu'à ce qu'elles soient tendres et d'un vert vif, de 7 à 9 minutes. Rincez les asperges à l'eau froide courante pour arrêter la cuisson.

● Passez les asperges au robot culinaire jusqu'à consistance lisse. Il ne sera pas nécessaire d'ajouter du liquide.

Remarque Essayez cette purée seule d'abord, mais si bébé est peu enclin à en manger, incorporez-y un peu de purée de pomme ou de poire; il se laissera peut-être tenter. Pour conserver, réfrigérez la purée refroidie dans un contenant hermétique pour une durée maximale de 3 jours, ou congelez-la dans des bacs à glaçons ou autres contenants pour une durée maximale de 3 mois.

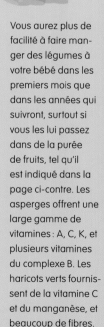

Haricots verts à la menthe

haricots verts, ½ lb / 250 g, parés

menthe fraîche, 1 c. à soupe / 15 ml, hachée

huile d'olive, 2 c. à soupe / 30 ml (facultatif)

DONNE ¾-1 TASSE / 175-250 ML

● Dans une grande poêle à frire, portez 1 po / 2,5 cm d'eau à ébullition sur un feu moyen-vif. Ajoutez les haricots et ramenez à ébullition. Couvrez et cuire les haricots jusqu'à ce qu'ils soient très tendres et d'un vert vif, de 7 à 9 minutes. Égouttez les haricots et rincez-les à l'eau froide courante pour arrêter la cuisson.

● Passez les haricots verts avec 2 c. à soupe / 30 ml d'eau et de la menthe au robot culinaire jusqu'à consistance lisse. Incorporez l'huile d'olive, si vous en utilisez, et servez.

Remarque À mesure que bébé vieillit, vous pouvez lui offrir des haricots verts comme croque-en-doigts, tout d'abord coupés, plus tard entiers. Pour conserver, réfrigérez la purée refroidie dans un contenant hermétique pour une durée maximale de 3 jours.

Vous aurez plus de facilité à faire manger des légumes à votre bébé dans les premiers mois que dans les années qui suivront, surtout si vous les lui passez dans de la purée de fruits, tel qu'il est indiqué dans la page ci-contre. Les asperges offrent une large gamme de vitamines : A, C, K, et plusieurs vitamines du complexe B. Les haricots verts fournissent de la vitamine C et du manganèse, et beaucoup de fibres.

7 à 8 mois

Deux céréales légères, faciles à digérer, le millet et l'orge se trouvent dans la section des produits secs en vrac des magasins d'aliments naturels et des magasins spécialisés. Ce sont deux excellentes céréales à inclure dans l'alimentation de votre bébé ; elles lui fourniront des fibres et des minéraux comme le phosphore, le manganèse et le magnésium.

Céréales de millet

millet,
¼ tasse / 60 ml

DONNE
½ TASSE / 125 ML

● Mettez le millet dans un mélangeur et réduisez-le en poudre, de 1 à 2 minutes, à vitesse moyenne ou élevée.

● Faites chauffer 1 tasse / 250 ml d'eau dans une petite casserole à feu moyen. Ajoutez la poudre de millet et réduisez le feu. Faites cuire en brassant constamment jusqu'à ce que l'eau soit absorbée, de 5 à 7 minutes.

● Ajoutez de l'eau, du lait maternel ou du lait de formule aux céréales pour leur donner une consistance qui convient à votre bébé. À mesure qu'il grandit et essaie de nouveaux aliments, combinez des céréales de millet avec des fruits ou des légumes en purée.

Pour conserver Réfrigérez le millet dans un contenant hermétique pour une durée maximale de 3 jours, ou congelez-le dans des bacs à glaçons ou autres contenants pour une durée maximale de 3 mois.

Céréales d'orge

orge perlé,
¼ tasse / 60 ml

DONNE
1 TASSE / 250 ML

● Mettez l'orge dans un mélangeur et réduisez-le en poudre, 5 minutes, à vitesse moyenne ou élevée.

● Faites chauffer 1 tasse / 250 ml d'eau dans une petite casserole sur un feu moyen. Ajoutez la poudre d'orge et réduisez le feu. Faites cuire en brassant constamment jusqu'à ce que l'eau soit absorbée, de 4 à 5 minutes.

● Ajoutez de l'eau, du lait maternel ou du lait de formule aux céréales pour leur donner une consistance qui convient à votre bébé. À mesure que bébé grandit et essaie de nouveaux aliments, combinez des céréales d'orge avec des fruits ou des légumes en purée.

Pour conserver Réfrigérez l'orge dans un contenant hermétique pour une durée maximale de 3 jours, ou congelez-la dans des bacs à glaçons ou autres contenants pour une durée maximale de 3 mois.

7 à 8 mois

Agneau pour bébé

huile végétale, pour le graissage

steak ou côtelette d'agneau désossée, 1, de 1 po / 2,5 cm d'épaisseur

DONNE ENVIRON ¾ TASSE

• Préchauffez le four à 400 °F (200 °C). Tapissez une rôtissoire d'une feuille d'aluminium. Placez l'agneau sur la feuille d'aluminium graissée. Faites rôtir la viande, en la tournant une fois, jusqu'à ce qu'elle soit bien cuite et ait perdu sa couleur rose, de 12 à 14 minutes de chaque côté. Laissez refroidir.

• Hachez grossièrement l'agneau, puis passez-le au robot culinaire pendant 1 minute. Pendant que le robot est en marche, ajoutez ¼ de tasse / 60 ml d'eau. La texture sera pâteuse. Ajoutez plus de liquide à la purée d'agneau pour lui donner une consistance qui convient à votre bébé.

Remarque Lorsque vous achetez de l'agneau, choisissez de la viande rose à rouge clair avec peu de gras et enlevez l'excédent de gras avant la cuisson. Réfrigérez la purée d'agneau dans un contenant hermétique pour une durée maximale de 1 à 2 jours, ou congelez-la pour une durée maximale de 1 mois.

Dinde pour bébé

dinde hachée, ½ lb / 225 g

DONNE ENVIRON 1 TASSE / 250 ML

• Dans une poêle antiadhésive sur un feu moyen, mélangez la dinde et ¼ de tasse / 60 ml d'eau. Faites cuire la dinde en la défaisant et en remuant constamment, jusqu'à ce que la viande soit bien cuite et ait perdu sa couleur rose, de 3 à 5 minutes. Laissez refroidir. Égouttez et réservez le liquide de cuisson.

• Passez la dinde au robot culinaire pendant 1 minute. Pendant que le robot est en marche, ajoutez le liquide de cuisson une cuillerée à la fois. La texture sera pâteuse. Ajoutez plus de liquide à la purée pour lui donner une consistance qui convient à votre bébé.

Pour conserver Réfrigérez la purée de dinde dans un contenant hermétique pour une durée maximale de 1 à 2 jours, ou congelez-la pour une durée maximale de 1 mois.

La viande rouge et la volaille sont de bonnes sources de fer et de protéines pour un bébé qui grandit, et l'agneau et la dinde constituent les meilleures viandes par lesquelles commencer, car elles sont faciles à digérer. Les purées de viande sont plus agréables au goût lorsqu'elles sont mélangées à une purée de fruits que bébé a déjà essayée. L'agneau a un goût affirmé qui s'harmonise bien avec les pruneaux (page 39) ou les abricots séchés (page 39). Pour sucrer et adoucir la dinde pour bébé, mélangez-y de la purée de pommes (page 27) ou de poires (page 27).

Chou-fleur chantilly

**chou-fleur
ou brocoli,
1 grosse tête**

**beurre non salé,
2 c. à soupe / 30 ml**

DONNE
2 ½ TASSES / 625 ML

La purée de chou-fleur, remplie de vitamines et de fibres, est une excellente solution de rechange à la purée de pommes de terre blanches. Toutefois, si votre bébé souffre de gaz, restez-en aux pommes de terre pour l'instant. Au moment de servir le reste de la famille, après avoir prélevé la portion de bébé, ajoutez à la purée une pincée de sel d'ail et dégustez-la avec des grillades.

● Parez le chou-fleur et coupez-le en fleurons de même taille. Mettez les fleurons dans une casserole et couvrez d'eau froide. Couvrez la casserole, portez à ébullition à feu moyen-vif et faites cuire le chou-fleur jusqu'à ce qu'il soit tendre, de 15 à 18 minutes. Ne le faites pas trop cuire, car le chou-fleur se séparera et se désagrégera. Égouttez.

● Pendant qu'il est encore chaud, passez le chou-fleur avec du beurre au robot culinaire jusqu'à consistance très lisse et crémeuse.

Pour conserver Réfrigérez la purée de chou-fleur dans un contenant hermétique pour une durée maximale de 3 jours, ou congelez-la dans des bacs à glaçons ou autres contenants pour une durée maximale de 3 mois.

7 à 8 mois

Sauce aux bleuets

Les bleuets, sucrés et délicieux, sont des super-aliments de la nature, remplis d'anti-oxydants qui luttent contre la maladie et de vitamines. Les cerises rouges ont un profil nutritionnel similaire. Elles ne sont pas connues comme étant allergisantes, contrairement aux fraises et aux framboises, de sorte qu'elles peuvent être introduites plus tôt dans l'alimentation de bébé.

**bleuets frais
ou décongelés,
2 tasses / 500 ml
ou 16 oz / 450 g**

DONNE ¾ DE
TASSE / 175 ML

- Passez les bleuets au robot culinaire jusqu'à consistance lisse. Il y aura de petits morceaux de pelure dans la purée. Pour les retirer, passez la purée dans un tamis à mailles fines par-dessus un petit bol à l'aide d'une spatule en caoutchouc. La sauce aura une consistance de yogourt.

- Réchauffez la purée dans une petite casserole à feu moyen-doux, de 3 à 5 minutes. Laissez refroidir complètement avant de servir.

Remarque Réchauffer cette sauce après l'avoir passée au tamis décompose les fibres et favorise la digestion. Une fois que votre bébé a essayé les bleuets, vous pouvez éliminer l'étape de réchauffage de la sauce – mélangez et servez tout simplement.

Pour conserver Réfrigérez la sauce refroidie dans un contenant hermétique pour une durée maximale de 3 jours, ou congelez-la dans des bacs à glaçons ou autres contenants pour une durée maximale de 3 mois.

Purée de cerises

**cerises douces, fraîches ou décongelées,
2 tasses / 500 ml
ou 16 oz / 450 g**

DONNE ¾ DE
TASSE / 175 ML

- Passez les cerises au robot culinaire jusqu'à consistance lisse, en arrêtant une fois ou deux pour racler les côtés du bol à mélanger.

- Réchauffez la purée dans une petite casserole à feu moyen-doux, de 3 à 5 minutes. Laissez refroidir complètement avant de servir.

Pour conserver Réfrigérez la purée refroidie dans un contenant hermétique pour une durée maximale de 3 jours, ou congelez-la dans des bacs à glaçons ou autres contenants pour une durée maximale de 3 mois.

Purée de pruneaux

pruneaux dénoyautés, 8

DONNE
2 TASSES / 500 ML

● Dans une petite casserole, combinez les pruneaux et 1 ½ tasse / 375 ml d'eau et portez à ébullition sur un feu moyen-vif. Réduisez le feu et laissez mijoter à feu doux jusqu'à ce que les pruneaux soient tendres, de 8 à 10 minutes. Les pruneaux doivent pouvoir être faciles à percer à la fourchette. Retirez du feu et laissez refroidir. Réservez le jus de cuisson.

● Passez les pruneaux au robot culinaire jusqu'à consistance lisse. Ajoutez du jus de cuisson à la purée pour lui donner une consistance qui convient à bébé.

Remarque Vous pouvez diluer le reste du jus de cuisson et le donner à boire à bébé. Pour conserver, réfrigérez la purée refroidie dans un contenant hermétique pour une durée maximale de 3 jours, ou congelez-la dans des bacs à glaçons ou autres contenants pour une durée maximale de 3 mois. Le liquide ou «jus» de cuisson des pruneaux se congèle bien.

Purée d'abricots séchés

abricots séchés, 1 tasse / 250 ml

DONNE
1 ½ TASSE / 375 ML

● Dans une petite casserole, combinez les abricots et 1 tasse / 250 ml d'eau et portez à ébullition sur un feu moyen-vif. Réduisez le feu et laissez mijoter à feu doux jusqu'à ce que les abricots soient tendres, environ 10 minutes. Les abricots doivent pouvoir être faciles à percer à la fourchette. Retirez du feu et laissez refroidir. Réservez le jus de cuisson.

● Passez les abricots au robot culinaire jusqu'à consistance lisse. Ajoutez du jus de cuisson à la purée pour lui donner une consistance qui convient à bébé.

Pour conserver Réfrigérez la purée refroidie ou le jus de cuisson dans un contenant hermétique pour une durée maximale de 3 jours, ou congelez-la dans des bacs à glaçons ou autres contenants pour une durée maximale de 3 mois.

Les pruneaux et les abricots séchés ont beaucoup de vertus en tant qu'aliments pour bébé. Ils sont riches en fer et contiennent de la vitamine C, qui aide l'organisme à absorber le fer. Et ils sont riches en fibres. Si votre bébé souffre de constipation, ces purées pourraient bien résoudre le problème. Donnez-lui-en juste un peu ; votre enfant en tirera le meilleur parti. Choisissez des fruits secs qui sont séchés naturellement au soleil et non traités au dioxyde de soufre ou à la paraffine.

7 à 8 mois

Purée de pêches

pêches ou nectarines mûres, 4, dénoyautées et coupées en morceaux de la même taille

DONNE 2 TASSES / 500 ML

● Amenez 1 po / 2,5 cm d'eau à ébullition dans une casserole. Mettez les pêches dans un panier cuit-vapeur (ou une marguerite), placez le panier dans la casserole. Couvrez hermétiquement et faites cuire les pêches à la vapeur jusqu'à ce qu'elles soient tendres, mais non défaites, de 2 à 4 minutes, selon leur degré de maturité. Les pêches doivent pouvoir être faciles à percer à la fourchette. Laissez refroidir.

● Raclez la chair de la pelure à l'aide d'une cuillère et passez-la au robot culinaire jusqu'à consistance lisse. Il ne sera pas nécessaire d'ajouter du liquide.

Remarque Lorsque bébé les a essayées cuites, vous pouvez aussi lui servir des pêches mûres pelées et réduites en purée sans les faire cuire. Pour conserver, réfrigérez la purée refroidie dans un contenant hermétique pour une durée maximale de 3 jours, ou congelez-la dans des bacs à glaçons ou autres contenants pour une durée maximale de 3 mois.

Purée de prunes

prunes noires, 6 moyennes, coupées en deux et dénoyautées

DONNE 2 TASSES / 500 ML

● Amenez 1 po / 2,5 cm d'eau à ébullition dans une casserole. Mettez les prunes dans un panier cuit-vapeur (ou une marguerite), placez le panier dans la casserole. Couvrez hermétiquement et faites cuire les prunes à la vapeur jusqu'à ce qu'elles soient tendres, mais non défaites, de 2 à 3 minutes, selon leur degré de maturité. Les prunes doivent pouvoir être faciles à percer à la fourchette. Laissez refroidir.

● Raclez la chair des pelures à l'aide d'une cuillère et passez-la au robot culinaire jusqu'à consistance lisse. Il ne sera pas nécessaire d'ajouter du liquide.

Pour conserver Réfrigérez la purée refroidie dans un contenant hermétique pour une durée maximale de 3 jours, ou congelez-la dans des bacs à glaçons ou autres contenants pour une durée maximale de 3 mois.

Les pêches et les prunes, deux membres de la famille des drupes, sont parfaites comme fruits d'été. Elles font de bonnes purées qui peuvent être mélangées avec d'autres aliments moins sucrés, comme les céréales, les viandes et les haricots. Si les pêches sont hors saison, remplacez-les par des pêches surgelées. Les fruits et les légumes surgelés commercialement sont cueillis à maturité et conservent la plupart de leurs éléments nutritifs. On trouve quantité de fruits et de légumes biologiques dans les supermarchés.

Des fines herbes pour bébé

Certains parents sont réticents à introduire des fines herbes et des épices dans l'alimentation des bébés, car les aliments en pot pour bébé sont généralement peu relevés. Cependant, dans de nombreuses cultures, les bébés goûtent à des assaisonnements et à des aliments relevés dès leur tout jeune âge. Laissez vos propres habitudes alimentaires, votre culture et votre bébé vous guider. Traitez les fines herbes et les épices comme tout autre ingrédient, en les introduisant un à un dans l'alimentation de bébé. Vous introduisez d'abord les plus douces, lorsque bébé commence à manger des aliments solides, puis vous passerez aux plus piquantes, lorsque bébé commencera à trottiner. S'il y a des allergies dans la famille, faites preuve de prudence lorsque vous présenterez le cumin, la cannelle, la coriandre, le fenouil, le paprika et le safran, qui peuvent provoquer des réactions.

Aneth   Saveur douce, délicate. Agrémente bien le poisson cuit au four, les petits pois et les artichauts.

Basilic   Arôme de menthe rappelant le clou de girofle. Agrémente bien les tomates, les pâtes, les haricots blancs et les asperges.

Ciboulette   Saveur d'oignon doux. Meilleure lorsque saupoudrée sur des pommes de terre, des œufs et du poisson.

Coriandre   Aussi connue sous les noms de persil chinois et persil arabe. Ajoute une saveur aromatique au poulet, aux avocats, aux haricots noirs, au riz, au maïs, aux concombres et aux carottes.

Estragon   Une saveur subtile et aromatique de réglisse. Agrémente bien le poulet, les poissons blancs, l'agneau, le riz et les asperges.

Menthe   Forte saveur aromatique allant bien avec les petits pois, les haricots verts, les aubergines et l'agneau.

Origan   Une saveur robuste et piquante. Agrémente bien la dinde, les pâtes, les courges d'été et les tomates.

Persil   Donne un goût frais et doux à de nombreux plats. La variété italienne ou à feuille plate a plus de saveur et est plus facile à couper et à mastiquer que le persil frisé. À ajouter aux bouillons, aux carottes et aux pommes de terre.

Romarin   Saveur prononcée d'épinette et de menthe. À son meilleur avec du bœuf, de l'agneau et des légumes grillés.

Sauge   Donne une saveur de menthe amère et légèrement moisie. Ajoute un complément au porc, à la dinde, aux haricots blancs et aux courges d'été.

Thym   Ton à la fois de citron et de menthe. À ajouter à la viande rôtie et à la volaille, au poisson, aux crustacés, aux betteraves et aux pommes de terre.

Mettez-y des épices

Les épices et fines herbes séchées sont faciles à conserver dans le garde-manger. Réchauffer des épices entières ou moulues dans une poêle à sec pendant quelques secondes en fera ressortir toutes les saveurs. Ayant perdu leur humidité, les fines herbes séchées ont une saveur plus concentrée que les herbes fraîches. Pour remplacer des herbes séchées par des herbes fraîches, il faut tripler les quantités. Avant d'ajouter une herbe fraîche ou séchée à un plat, écrasez-la ou broyez-la avec les doigts pour en libérer la saveur.

Ail — Saveur piquante et relevée qui s'adoucit à la cuisson. À utiliser comme assaisonnement lorsqu'il est séché et moulu, ou comme assaisonnement, condiment et ingrédient lorsqu'il est frais. Ajoute un goût savoureux à toutes les viandes et aux légumes.

Cannelle — Saveur sucrée, puissante et douce. Donne de la profondeur à la ricotta, aux courges musquées et aux flocons d'avoine.

Cardamome — Saveur sucrée et épicée avec des tons poivrés. S'harmonise bien aux courges d'hiver et aux plats au cari.

Cari — Parfum doux et chaud d'épices mélangées. Va bien avec le poulet, les carottes, les panais et le riz. Commencer avec un mélange doux pour bébé.

Cumin — Saveur épicée et piquante. À ajouter aux pommes de terre, au poulet, au couscous et au cari.

Curcuma — Saveur poivrée et terreuse. Ajoute de la saveur et une couleur jaune-orange aux pommes de terre, aux lentilles, à la viande et aux plats au cari.

Fenouil — Saveur douce de réglisse. Va bien avec le porc, le chou et le poisson poché.

Gingembre — Saveur sucrée et piquante. S'harmonise bien avec les viandes, la citrouille, les carottes et les patates douces.

Muscade — Saveur et arôme légèrement sucrés et épicés. Ajoute du piquant à la ricotta, aux épinards, aux poires et au pouding au riz.

Paprika — Saveur légèrement sucrée et amère. Va bien avec le poisson cuit, les œufs, le maïs et les pommes de terre rôties.

Piment de la Jamaïque — Saveur chaude, légèrement terreuse. Agrémente bien les patates douces, les pommes, la citrouille et les ragoûts à la viande.

Poivre — Le poivre blanc et le poivre noir ont tous les deux un goût relevé qui va bien avec les mets non sucrés. Ajoutez à la viande, à la volaille, aux œufs et aux légumes.

Vanille — Des extraits de graines sont utilisés pour ajouter de la saveur aux pâtisseries, aux gaufres et aux crêpes.

Bouillon pour bébé

asperges, 6

poireau,
1 gros, coupé
en morceaux
(1 tasse / 250 ml)

patate douce, ½,
pelée et coupée
en morceaux
(1 tasse / 250 ml)

DONNE ENVIRON
2 TASSES / 500 ML

• Mettez 4 tasses / 1 litre d'eau froide dans une casserole moyenne. Ajoutez les asperges, le poireau et la patate douce et portez à ébullition à feu vif. Réduisez le feu et couvrez. Laissez mijoter doucement jusqu'à ce que les légumes soient très tendres et que le liquide de cuisson soit légèrement parfumé et coloré, environ 1 heure.

• Passez le bouillon au tamis, réservez les légumes. Les légumes peuvent être écrasés ou réduits en purée pour bébé. Servez le bouillon tiède ou refroidi dans une tasse ou un biberon, ou utilisez-le dans d'autres recettes.

Remarque Si vous achetez des patates douces biologiques, vous pouvez les brosser soigneusement sans avoir à les peler. Pour conserver, réfrigérez le bouillon dans un contenant hermétique pour une durée maximale de 3 jours, ou congelez-le dans des bacs à glaçons ou autres contenants pour une durée maximale de 3 mois. Si vous manquez de temps et préférez utiliser du bouillon du commerce, recherchez du bouillon naturel sans sodium (ou à faible teneur en sodium) et fait d'ingrédients que vous avez déjà servis à votre bébé. Il existe sur le marché quantité de bouillons préparés de bonne qualité conditionnés dans des cartons aseptiques ; certains marchés offrent des bouillons dans la section des produits réfrigérés ou congelés.

C'est une recette de base facilement adaptable. Pendant qu'ils mijotent, les légumes libèrent leurs éléments nutritifs dans l'eau de cuisson. Une fois que vous avez présenté à bébé deux des trois légumes qui composent votre bouillon, versez du bouillon nutritif dans son biberon à la place de l'eau, ou utilisez-le comme liquide pour pocher le poisson (page 58) et comme ingrédient dans d'autres recettes.

Risotto aux asperges

riz arborio,
½ tasse / 125 ml

bouillon pour bébé
(page ci-contre) ou
eau, 1 tasse / 250 ml

huile d'olive extra-
vierge ou beurre non
salé, 1 c. à thé / 5 ml

estragon frais,
haché, 2 c. à
thé / 10 ml

purée d'asperges
(page 33),
⅓-⅔ tasse /
80-150 ml

DONNE
1 ¾ TASSE / 425 ML

● Mettez le riz, le bouillon et l'huile dans une grande casserole à fond épais et portez à ébullition à feu moyen-vif. Réduisez le feu et faites cuire à feu doux, en remuant une fois, jusqu'à ce que le liquide ait été absorbé et que le riz soit épais et crémeux, environ 15 minutes. Retirez la casserole du feu, incorporez l'estragon et laissez reposer à couvert pendant 10 minutes. Défaites le riz à l'aide d'une fourchette, incorporez-y la purée d'asperges et vérifiez la température avant de servir.

● Si nécessaire, passez le risotto au moulin ou au robot culinaire pour lui donner une consistance qui convient à votre bébé.

Remarque Le beurre, tout comme le yogourt et le fromage, peut être introduit dans l'alimentation de bébé avant l'âge de 1 an, car il est moins susceptible d'être allergène que le lait ordinaire. Réfrigérez le riz refroidi dans un contenant hermétique pour une durée maximale de 3 jours, ou congelez-le dans des bacs à glaçons ou autres contenants pour une durée maximale de 3 mois.

Traditionnellement, on utilise du riz à grain moyen, tel que du riz arborio, dans la préparation d'un risotto. Nul besoin de remuer ce plat, qui demande beaucoup moins d'attention qu'un vrai risotto ; mais le riz sera encore un peu crémeux après la cuisson. Si votre bébé hésite à manger des asperges ou d'autres légumes verts, il les trouvera plus attrayants s'ils lui sont présentés dans ce plat réconfortant.

7 à 8 mois

Ragoût de pommes de terre et de courges musquées

C'est un excellent plat à servir à bébé une fois qu'il a essayé la purée de pommes de terre, la purée de courges et la purée de pommes et qu'il est prêt à passer aux combinaisons d'aliments. Vous pouvez ajuster la texture en fonction des étapes de son développement : écrasez le ragoût à la fourchette pour un repas épais, ou passez-le au robot culinaire, en tout ou en partie, pour lui donner une texture lisse.

courge musquée, ½ petite, pelée et épépinée

pommes de terre jaunes, 6 petites, pelées

pomme Fuji, 1 moyenne, pelée, coupée en deux et évidée

huile d'olive extravierge, 1 c. à soupe / 15 ml

bouillon pour bébé (page 44) ou eau, 1½ tasse / 375 ml

DONNE
4 TASSES / 1 LITRE

- Coupez la courge, les pommes de terre et les pommes en morceaux de 1 po / 2,5 cm. Cela devrait vous donner environ 1 tasse / 250 ml de chaque légume.

- Chauffez l'huile dans une casserole à feu moyen-vif. Ajoutez les morceaux de courge, de pommes de terre et de pomme et faites cuire, en remuant de temps en temps, de 8 à 10 minutes. Les pommes commenceront à prendre une couleur dorée. Ajoutez le bouillon et portez à ébullition. Réduisez le feu, couvrez et laissez mijoter doucement jusqu'à ce que les légumes soient tendres, de 30 à 35 minutes.

- Écrasez et combinez le tout à l'aide d'une cuillère en bois, d'un pilon à pommes de terre ou d'un robot culinaire pour donner au ragoût une consistance qui convient à votre bébé.

Remarque Pour plus de commodité, procurez-vous des courges musquées en cube dans la section des produits surgelés de votre supermarché. Réfrigérez le ragoût refroidi dans un contenant hermétique pour une durée maximale de 3 jours, ou congelez-le dans des bacs à glaçons ou autres contenants pour une durée maximale de 3 mois.

7 à 8 mois

Ragoût de pois cassés

Ce ragoût d'hiver combine des pois cassés ou des pois secs avec des poires et des panais qui ont été déchiquetés sur les gros trous de la râpe. Le déchiquetage des aliments, plutôt que le hachage, est une excellente façon d'ajouter de la valeur nutritive à un plat sans devoir prolonger le temps de cuisson. Les pois cassés doivent être bien cuits et bien réduits en purée pour bébé.

panais, 1

poire, 1

**pois cassés,
½ tasse / 125 ml,
triés et rincés**

**eau,
1 tasse / 250 ml**

**bouillon pour bébé
(page 44) ou eau,
1¼ tasse / 300 ml**

DONNE
1½ TASSE / 375 ML

● Pelez le panais et la poire. En utilisant les gros trous de la râpe, déchiquetez la poire et le panais pour en obtenir ¼ de tasse / 60 ml en tout.

● Dans une casserole moyenne, combinez les petits pois, l'eau, le bouillon (ou de l'eau supplémentaire), le panais et la poire. Couvrez et laissez mijoter jusqu'à ce que le liquide soit absorbé et que les pois soient tendres, de 30 à 35 minutes. Assurez-vous de bien faire cuire les petits pois, jusqu'à ce qu'ils perdent toute texture granuleuse. Ajoutez de l'eau ou du bouillon en cours de cuisson, si nécessaire, pour maintenir les petits pois humides.

● Écrasez et combinez le tout à l'aide d'une cuillère en bois, d'un pilon à pommes de terre ou d'un robot culinaire pour donner au ragoût une consistance qui convient à votre bébé.

Pour conserver Réfrigérez le ragoût de pois cassés refroidi dans un contenant hermétique pour une durée maximale de 3 jours, ou congelez-le dans des bacs à glaçons ou autres contenants pour une durée maximale de 3 mois.

7 à 8 mois

Lentilles et agneau

huile d'olive
extravierge, 1 c. à
thé / 5 ml

romarin frais, haché,
1 c. à thé / 5 ml

épaule ou steak
d'agneau,
½ lb / 225 g, coupé
en morceaux de
½ po / 1 cm

bouillon pour bébé
(page 44) ou eau,
1½ tasse / 375 ml

lentilles,
¼ tasse / 60 ml,
triées et rincées

DONNE
2 TASSES / 500 ML

● Chauffez l'huile dans une casserole à feu moyen-vif. Ajoutez le romarin et laissez cuire pour faire ressortir les arômes, 30 secondes. Ajoutez l'agneau et remuez souvent jusqu'à ce que la viande soit brunie. Ajoutez le bouillon et les lentilles et portez à ébullition. Réduisez le feu, couvrez et laissez cuire à feu doux de 15 à 20 minutes. Ajoutez de l'eau ou du bouillon en cours de cuisson, si nécessaire, pour maintenir les lentilles humides.

● Passez l'agneau et les lentilles au robot culinaire pour leur donner une consistance qui convient à votre bébé.

Pour conserver Réfrigérez le mélange de lentilles et d'agneau refroidi dans un contenant hermétique pour une durée maximale de 3 jours, ou congelez-le dans des bacs à glaçons ou autres contenants pour une durée maximale de 1 mois.

Le romarin ajoute une saveur et un arôme mémorables à ce plat consistant, riche en protéines, en fer et autres minéraux, ainsi qu'en vitamine B et en fibres. Les lentilles requièrent moins de temps de cuisson que les autres légumineuses (comme les haricots blancs ou les haricots pinto), ce qui en fait un plat de base consistant et rapide à préparer. Avant de réduire la portion de lentilles en purée, réservez-en un peu pour le reste de la famille, assaisonnez-les de sel au goût et servez-les sur du quinoa ou du couscous.

Pot-pourri millet et courgettes

millet, ½ tasse / 125 ml

purée d'asperges
(p. 23), ⅓ tasse / 80 ml

purée de pommes
(p. 27), 2 c. à
soupe / 30 ml

basilic frais, ¼ tasse /
60 ml, haché finement

DONNE
2 TASSES / 500 ML

● Dans une casserole, amenez 2 tasses / 500 ml d'eau à ébullition sur un feu vif. Ajoutez le millet, couvrez, réduisez le feu et laissez cuire à feu doux jusqu'à ce que l'eau soit absorbée, de 35 à 45 minutes.

● Défaites le millet à la fourchette. Cela devrait vous donner environ 2 tasses / 500 ml de millet cuit. Répartissez le millet également dans 2 contenants. Conservez-en un au réfrigérateur ou au congélateur pour une utilisation ultérieure. Incorporez les purées de courgettes et de pommes dans le reste du millet, laissez refroidir et incorporez du basilic juste avant de servir.

Remarque Si vous le voulez, mélangez une partie de la dinde pour bébé (page 35) dans ce plat, ou de petits morceaux plus consistants de dinde lorsque bébé est habile à bien les mastiquer. Pour conserver, réfrigérez le pot-pourri refroidi dans un contenant hermétique pour une durée maximale de 3 jours, ou congelez-le dans des bacs à glaçons ou autres contenants pour une durée maximale de 3 mois.

Le basilic donne à ce pot-pourri de légumes et de céréales une fraîche saveur estivale. Les grains de millet sont naturellement minuscules; votre bébé ne mettra pas beaucoup de temps à passer du millet pour bébé (page 34) à cette version de millet non broyé. Cette céréale de grain entier est un aliment de base dans l'alimentation de bébé lorsqu'il est encore trop jeune pour le blé; au dîner, toute la famille peut en profiter à la place du riz.

Amarante
et prune

L'amarante, incorporée à de la purée de prunes, adoucit la texture collante du mélange. L'amarante est une graine qui est traitée comme une céréale en raison de sa saveur et de son mode de cuisson. On en parle comme d'un super-aliment, car elle offre une protéine à haute valeur biologique, une rareté dans le monde des plantes. L'amarante constitue aussi un filon nourricier de minéraux, notamment du fer.

amarante,
½ tasse / 125 ml

purée de prunes
(p. 41), ¼-½ tasse /
60-80 ml, ou prune
mûre, 1

DONNE 1²/₃-1¾
TASSE / 375-425 ML

● Dans une casserole, amenez 1½ tasse / 375 ml d'eau à ébullition sur un feu vif. Ajoutez l'amarante et ramenez à forte ébullition. Remuez, couvrez et réduisez le feu. Faites cuire à feu doux, en remuant de temps en temps avec un fouet, jusqu'à ce que l'eau soit absorbée, de 18 à 22 minutes. L'amarante sera translucide, épaisse et collante.

● Incorporez la purée de prunes dans l'amarante. Pour les bébés plus âgés, il suffit de dénoyauter, de couper et de réduire en purée une prune mûre et de l'incorporer à l'amarante.

Pour conserver Réfrigérez le mélange à l'amarante refroidi dans un contenant hermétique pour une durée maximale de 3 jours, ou congelez-le dans des bacs à glaçons ou autres contenants pour une durée maximale de 3 mois.

7 à 8 mois

Pilaf à la courge et au quinoa

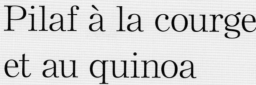

**quinoa,
½ tasse / 125 ml**

**huile d'olive
extravierge, 2 c. à
soupe / 30 ml**

**bouillon pour bébé
(page 44) ou eau,
1½ tasse / 375 ml**

**courges ou
courgettes d'été,
2 petites, grossiè-
rement râpées**

**cumin moulu, ½ c.
à thé / 2,5 ml**

**DONNE
2 TASSES / 500 ML**

• Dans une casserole, enrobez le quinoa de 1 c. à soupe / 15 ml d'huile. Ajoutez le bouillon et portez à ébullition à feu moyen-vif. Réduisez le feu, couvrez et laissez mijoter à feu doux pendant 20 minutes. Le quinoa sera translucide.

• Pendant que le quinoa cuit, chauffez 1 c. à soupe / 15 ml d'huile d'olive dans une petite poêle à frire sur un feu moyen-vif. Ajoutez les courges et le cumin et faites-les sauter jusqu'à ce qu'elles soient tendres, de 3 à 5 minutes.

• Retirez le quinoa du feu. Ajoutez les courges au quinoa et mélangez bien avant de servir.

Pour conserver Réfrigérez le pilaf à la courge et au quinoa refroidi dans un contenant hermétique pour une durée maximale de 3 jours, ou congelez-le dans des bacs à glaçons ou autres contenants pour une durée maximale de 3 mois.

Les courges d'été adoucissent la texture du quinoa, une graine originaire d'Amérique du Sud qui, comme l'amarante, offre une protéine à haute valeur biologique. Le quinoa a une saveur de noisette et une texture légère semblable à celle du couscous (lequel n'est pas une céréale, mais une pâte faite de blé). Vous pouvez trouver le quinoa dans la section des produits secs en vrac des magasins d'aliments naturels et des magasins spécialisés, ou par commande en ligne. Ce pilaf fait une garniture colorée pour des tomates ou des poivrons farcis qui plairont aux adultes.

De nouvelles textures

De nouveaux horizons

À cet âge, bébé est un participant plus actif aux repas ; il essaie de prendre ses aliments à la cuillère et de manger par lui-même, échappe des bouchées au sol, en étend dans ses cheveux. Votre bébé est maintenant sur la voie de l'autosuffisance à table, alors souriez de ses dégâts et acceptez-les.

Nouveaux aliments à essayer

Faites essayer ces nouveaux aliments sains à votre bébé de 9 à 11 mois.

Graines et céréales
. . . .
avoine
farine de graines de lin
gâteau de riz
nouilles de riz
   ou pâtes de riz

Légumes
. . . .
ail
betteraves
céleri (cuit)
oignon
oignon vert
poivron

Fruits
. . . .
ananas
date
mûres
noix de coco
raisins et raisins secs

De temps à autre, laissez bébé prendre la cuillère et s'entraîner à l'utiliser, ou donnez-lui une deuxième cuillère avec laquelle il peut jouer pendant que vous le nourrissez. À ce stade, les repas deviennent plus chaotiques et peut-être plus lents qu'auparavant.

Quelle quantité et à quelle fréquence ?

Les bébés sont très compétents à réguler leur apport alimentaire s'ils ne subissent pas de pression ou ne sont pas forcés à manger. Offrez à votre enfant une variété d'aliments provenant de différents groupes alimentaires tout au long de la journée plutôt que d'essayer de lui fournir des repas dits « complets ».

Continuez à offrir à bébé du lait maternel ou du lait de formule comme principale source de nutrition. Une fois qu'il aura eu son repas de lait, laissez-le manger autant de nourriture qu'il le souhaite. Lorsque 3 repas par jour ne semblent plus satisfaire l'appétit de bébé, il est temps d'ajouter des collations entre les repas. Celles-ci doivent être saines et nourrissantes ; elles peuvent être constituées des restes d'un repas précédent.

Nouvelles saveurs

À cet âge, de nouvelles catégories d'aliments doivent être introduites dans l'alimentation. À 9 mois, essayez les produits laitiers les plus faciles à digérer : le yogourt et le fromage. (Ne lui servez pas de lait de vache avant 1 an, cependant.) Les jaunes d'œufs durs, séparés des blancs plus allergisants, sont une autre possibilité. Un éventail élargi de légumineuses et de viandes figure aussi au menu, et tous ces nouveaux aliments sont riches en protéines, un bienfait des plus avantageux pour les bébés en pleine croissance. Vous pouvez aussi lui servir des fruits tropicaux et des mûres ; mais vous souhaiterez peut-être attendre le premier anniversaire de bébé pour lui offrir des fraises et des framboises. Et il peut déguster de savoureux alliums (famille de l'oignon). Si ces légumes, qui donnent des gaz, dérangent votre enfant, réservez ces aliments pour plus tard.

S'il y a des allergies dans la famille, n'oubliez pas de tester ces nouveaux aliments un à la fois pendant 3 jours afin de vous assurer qu'ils conviennent à bébé.

De nouvelles opinions

C'est une bonne chose que le menu de bébé s'élargisse, car ses goûts sont peut-être déjà en train de changer, ou bébé peut commencer à manifester sa propre volonté. Votre enfant pourrait vous surprendre en rejetant soudain des aliments qu'il aimait auparavant.

Vous pouvez essayer de lui servir les aliments qu'il rejette sous une nouvelle forme, par exemple en les tartinant sur du pain ou en les combinant à d'autres aliments. Conservez votre patience et ayez une expression neutre. Bébé pourrait à nouveau changer d'avis demain ou la semaine prochaine, mais une réaction de désapprobation de votre part (et bébé est devenu un expert dans l'art de lire vos réactions) réussirait seulement à l'encourager dans son refus.

De gros morceaux

À mesure que votre bébé grandit et évolue, encouragez-le à essayer des textures plus épaisses et des morceaux plus gros, tout en respectant ce qui lui convient. À ce stade, vous utiliserez de moins en moins le robot culinaire et de plus en plus un couteau pour hacher les aliments. Au lieu de réduire tous les aliments en purée, vous servez à bébé seulement la moitié de son repas en purée, le reste haché grossièrement, puis vous combinez le tout. Ce chapitre contient des recettes de plats qui ressemblent davantage à des mets « ordinaires » pouvant facilement convenir à un enfant plus âgé.

L'auto-alimentation

À 9 mois, votre bébé est assez vieux pour commencer à essayer des aliments à prendre avec les doigts. À cet âge il est à perfectionner une nouvelle compétence : la pince (utiliser le pouce et l'index pour prendre des choses). Les aliments sont des objets parfaits avec lesquels il peut s'exercer. En plus de servir à bébé de gros morceaux à la cuillère, mettez quelques morceaux sur le plateau de sa chaise haute. Voici quelques bons aliments qu'il peut essayer de prendre avec les mains : petits dés de légumes cuits et de fruits, pain tartiné de fromage ou de purée de fruits et coupé en petits morceaux, aliments qui se dissolvent dans la bouche, comme des céréales d'avoine en forme d'anneaux.

Maintenant que bébé commence à se nourrir par lui-même, vous pourriez être tenté de quitter la pièce pour vaquer à une autre tâche pendant que bébé est occupé dans sa chaise haute. Rappelez-vous qu'il est plus important que jamais de garder un œil sur lui pendant qu'il mange afin de prévenir un étouffement.

Nouveaux aliments à essayer

Faites goûter à votre bébé de 9 à 11 mois ces nouveaux aliments sains.

Légumineuses
....

fèves soja et tofu
gourganes
haricots de Lima
haricots secs (blanc, pinto, garbanzo)

Produits laitiers
.....

fromage
yogourt

Viande et œufs
....

bœuf
jaunes d'œufs (sans les blancs)
porc
poulet
veau

Poulet pour bébé

La cuisson au four convient parfaitement aux poitrines de poulet maigres et tendres et aux cuisses de poulet, plus grasses, savoureuses et riches en fer, tandis que la cuisson pochée est un moyen simple de faire cuire du poisson et d'en conserver l'humidité. Le poulet réduit en purée peut être mélangé avec des purées et des céréales pour des bébés plus jeunes, tandis que des petits morceaux de poulet sont parfaits pour ceux pour âgés, qui peuvent les tremper dans du yogourt ou dans une autre bonne trempette.

huile végétale, pour le graissage

cuisses ou poitrines de poulet sans la peau et désossées, ¼-¾ lb / 225-340 g

DONNE 1½-1¾ TASSE / 375-425 ML

- Préchauffez le four à 400 °F (200 °C). Placez une grille huilée sur une plaque à pâtisserie doublée d'une feuille d'aluminium. Placez le poulet sur la grille et faites cuire en tournant la viande une fois, jusqu'à ce qu'elle soit opaque et qu'elle ait perdu sa couleur rose au centre, 12 minutes de chaque côté.

- Hachez grossièrement le poulet et passez-le au robot culinaire sans y ajouter d'eau jusqu'à ce que la texture ressemble à des petites miettes. À mesure que bébé devient de plus en plus habile à mastiquer, coupez le poulet en petits morceaux.

Pour conserver Réfrigérez le poulet refroidi dans un contenant hermétique pour une durée maximale de 1 à 2 jours, ou congelez-le pour une durée maximale de 1 mois.

Poisson pour bébé

bouillon pour bébé (page 44) ou eau, 1 tasse / 250 ml ou au besoin

filets de poisson blanc, comme le flétan, ½ lb / 225 g

DONNE 1 TASSE / 250 ML

- Chauffez le bouillon dans une poêle à feu moyen-vif. Ajoutez les filets de poisson. Le bouillon devrait monter à mi-hauteur des côtés de la poêle. Laissez mijoter, en retournant le poisson une fois, jusqu'à ce qu'il devienne opaque, de 3 à 4 minutes de chaque côté. Le poisson devrait se défaire facilement à la fourchette. Retirez le poisson et laissez-le refroidir.

- Écrasez ou défaites le poisson pour lui donner la consistance souhaitée.

Remarque S'il y a des allergies dans la famille, vous souhaiterez peut-être retarder l'introduction du poisson dans l'alimentation de bébé ; consultez votre pédiatre. Réfrigérez dans un contenant hermétique pour une durée maximale de 1 ou 2 jours.

Bœuf pour bébé

**bœuf haché maigre,
½ lb / 225 g**

DONNE
1 TASSE / 250 ML

● Dans une poêle antiadhésive chauffée à feu moyen, mélangez le bœuf et ¼ de tasse / 60 ml d'eau. Faites cuire la viande en la défaisant et en remuant constamment, jusqu'à ce qu'elle soit bien cuite et ait perdu sa couleur rose, environ 5 minutes. Laissez refroidir, puis égouttez et réservez le jus de cuisson.

● Si nécessaire, passez la viande au robot culinaire pour lui donner une texture de petits fragments ; ajoutez du jus de cuisson au besoin, pour humidifier le bœuf.

Remarque Si possible, achetez une coupe complète de viande maigre et demandez au boucher de hacher la viande pour vous. Les coupes de viande maigre sont plus riches en protéines que les coupes de viande grasse habituellement utilisées pour la viande hachée ; c'est aussi une façon de vous assurer d'obtenir de la viande de bœuf biologique ou de bœuf engraissé à l'herbe, qui est plus riche en acides gras oméga-3 que la viande de bœuf engraissé au maïs. Pour conserver, réfrigérez le bœuf refroidi dans un contenant hermétique pour une durée maximale de 2 à 3 jours, ou congelez-le pour une durée maximale de 1 mois.

La viande fournit aux bébés beaucoup de fer et de protéines, ainsi que de la vitamine B. Toute viande hachée – porc, agneau ou veau – peut être cuite de cette façon. La viande réduite en purée est un peu fade et farineuse si l'on n'y ajoute rien. Pour la rendre plus attrayante, mélangez-y des purées de légumes ou de fruits.

9 à 11 mois

Gruau

Le gruau est un plat réconfortant et nutritif et se prête à de nombreux arômes et ajouts d'aliments. Cette recette requiert des flocons d'avoine à l'ancienne qui, une fois cuits, offrent une riche texture. Les flocons d'avoine à cuisson rapide cuisent vite parce qu'ils sont coupés. Notez que les paquets de gruau instantané ont tendance à contenir du sucre et d'autres ingrédients ajoutés.

cannelle moulue,
½ c. à thé / 2,5 ml

extrait de vanille,
1 c. à thé / 2,5 ml

flocons d'avoine
à l'ancienne,
1 tasse / 250 ml

DONNE ENVIRON
2 TASSES / 500 ML

● Dans une casserole moyenne, mélangez 2 tasses / 500 ml d'eau, la cannelle et la vanille et portez à ébullition à feu vif. Réduisez le feu à moyen-doux et incorporez l'avoine.

● Lorsque le mélange commence à mijoter, couvrez la casserole, éteignez le feu et laissez reposer jusqu'à ce que le gruau épaississe et prenne une texture crémeuse, environ 15 minutes. Incorporez-y du lait maternel, du lait de formule ou tout autre choix de saveurs (ci-dessous) et servez.

Suggestions de saveur

Les purées sont des ajouts parfaits pour le gruau du matin. Voici quelques variantes de saveurs, de couleurs et de textures pour une portion de ½ tasse / 125 ml :

1 c. à soupe / 15 ml de purée de banane, plus 1 c. à thé / 5 ml de sauce aux bleuets (page 38)

1 c. à soupe / 15 ml de purée d'abricots séchés, (page 39), plus 1 c. à soupe / 15 ml de poires en dés (ou, pour les bébés plus âgés, de mangues)

2 c. à soupe / 30 ml de compote de pommes (ou, pour les bébés plus âgés, 1 c. à soupe / 15 ml de pommes effilochées), raisins secs en morceaux et une pincée de muscade fraîchement râpée

Riz brun pour petit trotteur

Le riz brun demeure un excellent aliment de base pour bébé à mesure qu'il grandit ; mais lorsqu'il commence à marcher, il est prêt pour le riz de grains entiers au lieu de la bouillie (page 22). Utilisez-le comme plat d'accompagnement pour des mets comme le cari pour bébé (page 85), ou comme ingrédient dans des recettes comme les burritos pour petit trotteur (page 120).

**riz brun,
1 tasse / 250 ml
bouillon pour bébé
(p. 44), bouillon à
faible teneur en
sodium ou eau,
2 tasses / 500 ml
purée de fruits ou
de légumes au choix
(facultatif)**

DONNE 3-4 TASSES /
750 ML-1 LITRE

● Dans une casserole moyenne, mélangez le riz et le bouillon et portez à ébullition à feu vif. Remuez, réduisez le feu, couvrez et laissez cuire à feu doux jusqu'à ce que le bouillon soit absorbé et que le riz soit tendre, environ 40 minutes. Retirez la casserole du feu et laissez reposer à couvert pendant 5 minutes.

● Si nécessaire, passez le riz au robot culinaire, en y ajoutant ¼ de tasse / 60 ml d'eau pour qu'il ne colle pas, ou passez le riz au moulin pour le défaire grossièrement. Le riz sera très collant, mais peut être mélangé à une purée de fruits ou de légumes pour une texture plus crémeuse.

Remarque Vous pouvez faire du riz en utilisant du bouillon à la place de l'eau pour plus de saveur et de valeur nutritive. Si vous achetez du bouillon préparé, choisissez-le faible en sodium ou non salé ; vous aurez ainsi une meilleure maîtrise de l'assaisonnement du bouillon et de la quantité de sel que votre bébé absorbe.

Les recettes contenues dans ce chapitre commencent à intégrer le sel dans l'alimentation de bébé. L'avantage qu'il y a à préparer vous-même la nourriture de votre bébé est que vous êtes en mesure de connaître la quantité de sel que vous utilisez. Si vous optez pour un régime alimentaire contenant peu d'aliments transformés (qui ont une teneur élevée en sodium), une pincée de sel fera ressortir la saveur des aliments et fournira du sodium, un élément nutritif nécessaire. Le sel iodé fournit également de l'iode, un élément nutritif essentiel. Toutefois, si vous servez à votre bébé des aliments préparés ou des bouchées à partir de votre propre assiette, vous êtes susceptible de lui donner des aliments qui contiennent beaucoup de sodium ; ainsi, vous souhaiterez sans doute omettre le sel dans les aliments que vous préparerez spécialement pour lui.

Réfrigérez le riz cuit dans un contenant hermétique pour une durée maximale de 5 jours.

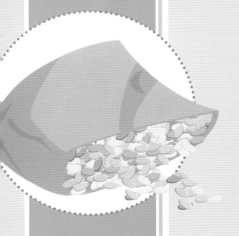

Œuf dur

œufs, 6 gros

DONNE
6 ŒUFS DURS

- Placez les œufs dans une casserole et ajoutez suffisamment d'eau pour les recouvrir de 1 po / 2,5 cm. Portez à vive ébullition à feu moyen-vif. Dès que l'eau commence à bouillir, retirez la casserole du feu, couvrez-la et laissez-la reposer pendant 14 minutes.

- Égouttez l'eau et rincez les œufs à l'eau froide courante pour arrêter la cuisson. Frappez chaque œuf sur une surface dure pour en briser la coquille, puis écalez-le. La coquille s'enlève plus facilement si l'on commence du côté arrondi (là où se trouve la poche d'air).

Remarque La couleur grise ou verte autour des jaunes d'œuf est un signe de sur-cuisson, mais ce n'est pas nocif. Vous pouvez réfrigérer les œufs durs dans leur coquille pendant 1 semaine. S'il y a des allergies dans la famille, vous souhaiterez peut-être retarder l'introduction des œufs dans l'alimentation de bébé ; consultez votre pédiatre.

Jaunes d'œufs

jaune d'œuf dur
(ci-dessus), 1

yogourt de lait
entier nature, 1 c. à
soupe / 15 ml

avocat, 1 c. à soupe /
15 ml, en purée

pain, 1 tranche

DONNE 2 ½ C. À
SOUPE / 37,5 ML DE
TARTINADE

- Dans un petit bol, écrasez le jaune à la fourchette. Ajoutez le yogourt et la purée d'avocat et écrasez le tout jusqu'à consistance lisse.

- Étalez la tartinade sur du pain ; coupez le pain en petits dés ou en lanières pour que bébé puisse se servir lui-même.

Remarque Pour conserver le mélange de jaune d'œuf, réfrigérez-le dans un contenant hermétique pour une durée maximale de 1 ou 2 jours. Si vous n'avez pas encore introduit le blé dans l'alimentation de votre bébé, recherchez du pain fabriqué d'autres céréales. Le pain de seigle sans blé se vend partout ; vous pouvez même trouver du pain à base de farine de millet, d'épeautre, de kamut, de tef, de riz ou de pommes de terre.

Les œufs sont très nutritifs et riches en protéines, en calcium, en vitamines et en minéraux. La plupart des pédiatres recommandent de ne servir à l'enfant que du jaune d'œuf au cours de sa première année, car le blanc d'œuf est particulièrement allergène. Faire bouillir les œufs dans leur coquille constitue la meilleure façon de séparer les jaunes lorsque bébé ne mange pas encore les blancs d'œufs. Notez que, même si l'on prend des précautions pour séparer le jaune du blanc, il peut encore rester un peu de blanc avec le jaune.

Orge et champignons

orge perlé,
½ tasse / 125 ml

beurre non salé,
1 c. à soupe / 15 ml

ail, 1 gousse,
hachée

champignons de
Paris, 6 oz / 170 g,
hachés finement
(2 tasses / 500 ml)

bouillon pour
bébé (p. 44) ou
bouillon à faible
teneur en sodium,
1 tasse / 250 ml

sel, ¼ c. à thé / 1 ml

poivre, ⅛ c. à
thé / 0,5 ml

thym, ⅛ c. à thé /
0,5 ml, séché, ou
½ c. à thé / 2,5 ml,
fraîchement haché

DONNE ENVIRON
2 ½ TASSES / 625 ML

● Dans une casserole à sec sur feu moyen, faites griller l'orge, en remuant souvent, jusqu'à ce qu'il commence à brunir, environ 3 minutes. Réservez.

● Dans la même casserole, faites fondre le beurre à feu moyen. Ajoutez l'ail et faites cuire pour faire ressortir les arômes, environ 1 minute. Incorporez les champignons et laissez cuire jusqu'à ce qu'ils libèrent leur liquide et deviennent tendres, environ 3 minutes. Incorporez l'orge, le bouillon, ⅓ de tasse / 80 ml d'eau, le sel, le poivre et le thym. Portez à ébullition à feu vif. Réduisez le feu, couvrez et laissez mijoter à feu moyen-doux jusqu'à ce que l'orge soit tendre, de 30 à 35 minutes.

● Selon l'âge de votre bébé et sa capacité à mâcher, servez-lui ce mets entier, ou passez-le au robot culinaire ou au tamis en y ajoutant de l'eau au besoin pour en faire une purée grossière.

Pour conserver Réfrigérez la purée dans un contenant hermétique pour une durée maximale de 3 jours.

Les champignons dans ce plat fournissent beaucoup de vitamines B, de fer et autres minéraux, et l'orge peut constituer un changement apprécié par toute votre famille, par rapport aux plats habituels au riz. Les champignons que vous choisissez modifient la richesse et la saveur de ce plat. Vous pouvez même essayer un mélange de champignons exotiques, comme des champignons de Paris, des chanterelles et des shiitakes.

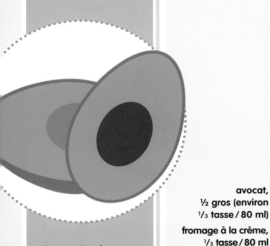

Les recettes dans cette page débordent de valeur nutritive et peuvent devenir des aliments de base pour votre bébé. Les avocats sont des super-aliments, remplis de protéines, de gras sains, de fibres, de vitamines B et de zinc. Le smoothie au yogourt est nourrissant, adaptable (il peut être fait avec n'importe quel fruit) et est une excellente source de protéines pour les enfants.

Tartinade avocat-fromage

avocat,
½ gros (environ
⅓ tasse / 80 ml)

fromage à la crème,
⅓ tasse / 80 ml

pain, 1 tranche

DONNE ⅔ DE
TASSE / 150 ML

• Dans un petit bol, écrasez l'avocat à l'aide d'une fourchette jusqu'à ce qu'il soit crémeux. Mélangez le fromage à la crème et la purée d'avocat.

• Tartinez sur du pain et coupez le pain en petits dés ou en lanières pour que bébé se serve lui-même.

Remarque Pour plus d'informations sur le pain sans blé, voir les remarques sur les jaunes d'œufs pour bébé à la page 63. Pour conserver, réfrigérez la purée dans un contenant hermétique pour une durée maximale de 1 jour. La tartinade se décolorera légèrement, mais ce n'est pas nocif. Brassez-la pour lui redonner une couleur vert pâle.

Smoothie fruité

banane congelée, 1,
coupée en morceaux
de 2 po / 5 cm

pêches conge-
lées ou fraîches,
1 tasse / 250 ml,
pelées et tranchées

yogourt de lait
entier nature,
½ tasse / 125 ml

farine de graines de
lin, 1 c. à soupe / 15 ml

DONNE ENVIRON
2 ½ TASSES / 625 ML

• Mettez la banane, les pêches, le yogourt et la farine de graines de lin dans un mélangeur et mélangez jusqu'à consistance lisse.

Remarque À mesure que bébé vieillit, ajoutez à ses smoothies des baies ou des fruits tropicaux tels que mangue, ananas ou papaye. Si vous utilisez des fruits surgelés plutôt que des fruits frais, ceux-ci doivent être décongelés, car la glace peut être trop froide pour les petits enfants. Pour congeler les bananes, il suffit de les peler, de les enve-lopper dans du papier ciré, de les placer dans des sacs de congélation et de les mettre au congélateur pour une durée maximale de 3 mois. C'est un bon truc à connaître lorsque vous avez sous la main trop de bananes mûres. Vous pouvez également utiliser des fruits à la tempé-rature ambiante pour les enfants qui n'aiment pas les boissons trop froides. Pour conserver, réfrigérez dans un contenant hermétique pour une durée maximale de 2 jours.

9 à 11 mois

Gratin de panais et de brocoli

beurre non salé, pour le graissage

panais, 6 moyens, pelés

bouillon pour bébé (page 44) ou bouillon à faible teneur en sodium, ½ tasse / 125 ml

chou-fleur chantilly fait avec du brocoli (page 36), 1 tasse / 250 ml

parmesan, ½ tasse / 125 ml râpé

DONNE QUATRE PORTIONS GRATINÉES DE 3 ½ PO / 8 CM

● Préchauffez le four à 475 °F (190 °C). Beurrez quatre ramequins de 3 ½ po / 8 cm.

● À l'aide d'une mandoline ou d'un couteau de chef, tranchez soigneusement le panais en rondelles de ¼ po / 6 mm d'épaisseur. Placez ½ tasse / 125 ml de panais dans chaque ramequin. Versez 2 c. à soupe / 30 ml de bouillon dans chaque ramequin. Divisez à parts égales la purée de brocoli dans les ramequins, en l'étendant pour couvrir les panais. Garnissez chaque ramequin de 2 c. à soupe / 30 ml de parmesan.

● Placez les ramequins sur une plaque de cuisson et faites cuire au four jusqu'à ce que des bulles se forment sur la surface et que le fromage commence à dorer, environ 25 minutes. Laissez refroidir le gratin avant d'en servir à bébé.

Pour conserver Réfrigérez les ramequins pour une durée maximale de 3 jours.

Ce gratin servi dans des ramequins rend le plat particulièrement attrayant pour les enfants et les adultes. Il pourrait même convaincre un bambin obstiné à manger du brocoli, qui est une excellente source de vitamines C et K et contient une longue liste d'autres éléments nutritifs. Assurez-vous que le ramequin est complètement refroidi avant de le mettre sur la table.

Croque-en-doigts pour bébé

À l'âge de 9 mois, bébé vous fera probablement savoir, en s'emparant de la cuillère et en saisissant la nourriture dans ses doigts, qu'il est intéressé à s'alimenter lui-même. Il se passera encore un moment avant qu'il ne soit en mesure de manier une cuillère par lui-même, mais il peut certainement apprendre à manger avec ses doigts maintenant. À l'heure du repas, en même temps que la nourriture que vous lui donnez à la cuillère, offrez-lui de petits morceaux d'aliments qu'il peut prendre lui-même. Notez que les bébés n'ont pas besoin de dents pour manger des croque-en-doigts. Ils peuvent écraser les aliments de façon très efficace avec leurs gencives. Cependant, pour commencer, vous devez choisir des aliments qui sont très tendres ou qui se dissolvent facilement.

À mesure qu'il est à l'aise avec les croque-en-doigts, ceux-ci peuvent commencer à faire partie de son repas. Dispersez quelques morceaux de 2 ou 3 aliments différents sur le plateau de sa chaise haute afin que bébé puisse choisir. Vous pouvez ajouter d'autres bouchées à mesure qu'il en mange. Servir trop de nourriture à la fois peut accabler l'enfant et lui inspirer l'idée de lancer ou de répandre ses aliments.

Fruits et légumes

Choisissez des produits qui sont mous ou faites-les cuire à la vapeur jusqu'à ce qu'ils soient tendres.

- Fruits mûrs : prunes, poires, pêches
- Morceaux de banane mûre ou d'avocat roulés dans des céréales d'avoine écrasées
- Petits dés de pommes cuites ou de poires asiatiques
- Petits dés de légumes bien cuits : carottes, brocoli, haricots verts tendres, courge

Viande et produits laitiers

Ces aliments riches en protéines sont en demande chez les bébés qui grandissent rapidement.

- Fromage semi-pasteurisé, coupé en dés minuscules
- Pain de seigle tartiné de fromage de chèvre ou de pâté de foie et coupé en petits morceaux ou en lanières
- Petits dés de dinde cuite et de poulet cuit

Céréales et légumineuses

Les céréales et les légumineuses fournissent de l'énergie aux bébés actifs qui apprennent à ramper et à se déplacer de façon autonome.

- Morceaux de gâteau de riz
- Morceaux ou brins de pâtes de riz bien cuites
- Céréales d'avoine ou de riz, à faible teneur en sucre
- Haricots cuits (ou en conserve) coupés en deux ou réduits en purée

Collations pour tout-petits

Maintenant que bébé a presque 1 an et devient de plus en plus actif à se traîner par terre, à explorer et peut-être à marcher, les collations entre les repas deviennent une source importante de carburant. Souvent, la nouvelle indépendance de bébé signifie qu'il ne veut pas rester assis très longtemps pour manger. Toutefois, malgré ses protestations, vous devriez faire en sorte qu'il soit dans sa chaise haute pour manger, que ce soit pour un repas complet ou pour une collation rapide. Cela vous permettra de prévenir les étouffements, d'inculquer à votre enfant de bonnes habitudes alimentaires et de limiter l'espace où les quasi inévitables dégâts se produisent.

Voyez les collations comme des petits repas plutôt que comme une friandise sucrée ou salée ayant subi une transformation et que l'on trouve à l'épicerie. La collation la plus simple est constituée de quelques bouchées des restes d'un repas. Voici des suggestions de collations saines pour un bambin de presque 1 an.

Fruits et légumes

Ces aliments sont digestes et nutritifs et conviennent aux bébés en général.

- Fraises et raisins coupés ; petits morceaux de melon, de papaye, d'ananas et de kiwis

- Pois ou fèves soja (edamames) cuits à la vapeur

Viande et produits laitiers

Si votre enfant a tendance à être allergique, soyez prudent lorsque vous introduirez les œufs et le poisson dans son alimentation ; limitez le thon à un repas par semaine.

- Fromage en fines lamelles

- Bœuf ou agneau cuit coupé en petits dés

- Morceaux d'omelette, de frittata ou de quiche

- Petits sandwichs à la salade de thon ou d'œufs faits avec du pain à cocktail

Céréales et légumineuses

Si votre enfant a tendance à être allergique, soyez prudent lorsque vous introduirez le blé dans son alimentation.

- Muffins et scones

- Baguel de blé tartiné d'hoummos

- Craquelins de blé entier tartinés de purée de fruits

- Morceaux de crêpes ou de gaufres

- Morceaux de pâtes cuites (pennes, boucles, macaronis)

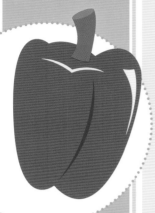

Purée de poivrons rouges rôtis et de fromage de chèvre

poivron rouge, 1 gros

fromage de chèvre pasteurisé frais, 1½ oz / 45 g

DONNE
1 TASSE / 250 ML

Les poivrons rouges, orangés et jaunes sont mûrs et sucrés. Ces trois types de poivrons sont riches en vitamine C et en bêta-carotène. Cette recette comporte du fromage de chèvre riche en protéines ajouté aux poivrons, ce qui produit une purée onctueuse qui est délicieuse telle quelle ou qui peut être utilisée comme sauce pour les nouilles de riz ou comme trempette pour les bâtonnets de légumes cuits à la vapeur.

● Préchauffez le gril du four. Tapissez une rôtissoire d'une feuille de papier d'aluminium. Placez le poivron entier sur la rôtissoire et faites-le rôtir, en le retournant toutes les 3 minutes, jusqu'à ce qu'il soit uniformément grillé et bruni de tous les côtés, de 12 à 15 minutes.

● Retirez la rôtissoire du four, mettez le poivron dans un récipient couvert et laissez-le reposer jusqu'à ce qu'il soit assez froid pour être manipulé. (La vapeur d'eau à l'intérieur du récipient assouplira la pelure.)

● Utilisez vos doigts ou un couteau pour enlever la pelure. Coupez le poivron en deux et retirez les graines et la tige. Coupez les moitiés en deux et passez le poivron au robot culinaire jusqu'à consistance lisse. Il ne sera pas nécessaire d'ajouter du liquide. Versez à la cuillère le fromage de chèvre dans le robot culinaire et mélangez à la purée au poivron jusqu'à consistance crémeuse.

Pour conserver Réfrigérez la purée dans un contenant hermétique pour une durée maximale de 3 jours.

9 à 11 mois

Salade de légumes style coleslaw

Cette recette donne un mets d'une vive couleur, riche en vitamines et en saveurs, qui séduira aussi bien les enfants que les adultes. Pour un maximum de bienfaits nutritifs, choisissez des courgettes biologiques et ne les pelez-pas. Lorsque cela conviendra à votre bébé, ne pelez pas les pommes non plus.

poivron rouge, ½ gros, paré, épépiné et haché grossièrement

vinaigre balsamique, ½ c. à thé / 2,5 ml

huile d'olive extravierge, ½ c. à thé / 2,5 ml

courgettes, 1 moyenne

pomme Fuji, 1 petite, pelée, coupée en deux et évidée

DONNE
1½ TASSE / 375 ML

● Mettez le poivron dans un robot culinaire avec le vinaigre et l'huile. Malaxez pour réduire le poivron en purée.

● En utilisant les gros trous de la râpe, déchiquetez les courgettes et les pommes. Mettez les courgettes et les pommes râpées sur un linge propre et sec, par-dessus un bol, et pressez doucement l'excès de liquide. (Réservez le jus pour la tasse de bébé ou ajoutez-le à du yogourt nature.) Mettez les courgettes et les pommes dans un bol moyen et mélangez-les à la fourchette.

● Ajoutez la purée de poivron au mélange de légumes râpés et mêlez bien les ingrédients.

Pour conserver Réfrigérez dans un contenant hermétique pour une durée maximale de 3 jours.

Haricots rouges et riz

petits haricots rouges secs, ½ tasse / 125 ml

huile d'olive en vaporisateur

saucisse au poulet précuite, 3 oz / 85 g, hachée

cumin moulu, ¼ c. à thé / 1 ml

persil italien frais, ½ c. à thé / 2,5 ml, haché

riz brun pour petit trottineur (p. 62), 1 tasse / 250 ml

DONNE 3 TASSES / 750 ML

• Triez et rincez les haricots. Pour un trempage rapide, mettez les haricots dans une casserole contenant 2 tasses / 500 ml d'eau et portez à ébullition sur un feu moyen-vif. Faites bouillir pendant 2 minutes, retirez du feu, couvrez et laissez reposer pendant 1 heure. Égouttez et rincez les haricots.

• Pour cuire les haricots, mélangez 2 tasses / 500 ml d'eau fraîche et les haricots dans une casserole sur un feu moyen-vif. Amenez à ébullition. Réduisez le feu, couvrez et laissez mijoter jusqu'à ce que les haricots soient tendres, Ajoutez de l'eau en cours de cuisson, si nécessaire, pour empêcher les haricots de sécher.

• Enduisez d'huile d'olive une poêle à frire et chauffez-la sur un feu moyen. Ajoutez la saucisse. Saupoudrez du cumin et du persil sur la saucisse, remuez et faites cuire jusqu'à ce qu'elle soit bien réchauffée, de 6 à 8 minutes, ou selon les directives sur l'emballage de la saucisse.

• Mélangez les haricots, la saucisse de poulet et le riz. Selon l'âge de votre bébé et sa capacité à mastiquer, servez-lui des haricots et du riz entier comme croque-en-doigts ; écrasez-les ensemble à la fourchette ou passez-les au robot culinaire, en ajoutant de l'eau au besoin pour faire une purée grossière.

Pour conserver Réfrigérez les haricots et le riz dans un contenant hermétique pour une durée maximale de 3 jours.

Lorsque vous choisissez des haricots secs pour ce plat, choisissez les petites fèves rouges plutôt que les haricots rouge foncé. Elles ont une texture plus lisse une fois écrasées. Si vous manquez de temps, utilisez des haricots en conserve. Ce plat comporte des saucisses de poulet pour une saveur salée, mais il convient de savoir que, même sans viande, la combinaison de haricots et de riz procure à bébé une protéine à haute valeur biologique (c'est-à-dire qui comporte les huit acides aminés essentiels dont l'organisme a besoin).

Succotash

beurre non salé,
1 c. à soupe / 15 ml

haricots de Lima ou
haricots jaunes, frais
écossés ou surge-
lés et décongelés,
1 tasse / 250 ml

maïs en grains,
frais ou surgelé
et décongelé,
1 tasse / 250 ml

paprika, ¼ c. à
thé / 1 ml

sel, ¼ c. à thé / 1 ml

bouillon pour
bébé (p. 44) ou
bouillon à faible
teneur en sodium,
½ tasse / 125 ml

DONNE
2 TASSES / 500 ML

● Dans une casserole moyenne, faites fondre le beurre à feu moyen. Ajoutez les haricots, le maïs, le paprika et le sel et faites sauter pour libérer les arômes, environ 3 minutes. Incorporez le bouillon, couvrez et laissez cuire jusqu'à ce que les légumes soient tendres, environ 10 minutes.

● Selon l'âge de votre bébé et sa capacité à mastiquer, passez le succotash au robot culinaire ou au tamis pour en faire un hachis grossier.

Remarque Les petits doigts pourront saisir les haricots et les grains de maïs entiers ; il faut néanmoins se rappeler que les grains de maïs peuvent représenter un risque d'étouffement pour les jeunes enfants. S'il y a des allergies dans la famille, vous souhaiterez peut-être attendre que bébé ait 1 an pour introduire le maïs dans son alimentation. Lorsqu'il aura 1 an, vous pourrez aussi incorporer quelques dés de tomate pour ajouter au mets de la couleur et des vitamines. Réfrigérez le succotash dans un contenant hermétique pour une durée maximale de 3 jours.

Au cours des siècles, ce plat de haricots a évolué, passant d'un mets amérindien simple à base de maïs et d'autres ingrédients du Nouveau Monde à un mets du Sud classique cuit dans du gras de bacon. Ici, la recette est refaçonnée pour donner un plat santé. Riches en fibres, en fer et en minéraux, les haricots de Lima bébés sont petits, plats et verts, et ont une saveur de beurre et une texture crémeuse.

9 à 11 mois

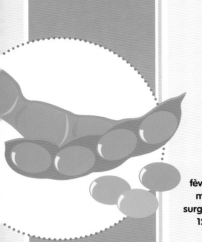

Purée de soja et yogourt

fèves soja (edamames), fraîches ou surgelées, ½ tasse / 125 ml, écossées

yogourt de lait entier nature, ¼ tasse / 60 ml

persil plat frais ou menthe fraîche, ¼ c. à thé / 1 ml, haché

DONNE
½ TASSE / 125 ML

Les fèves soja, denses en éléments nutritifs, sont une excellente source de protéines et contiennent des bons gras, des vitamines et des minéraux en quantité, ainsi que des fibres. Ici, le yogourt crémeux équilibre la texture des fèves soja. Lorsqu'il sera plus âgé, votre enfant pourrait aimer les fèves soja simplement cuites à la vapeur dans leurs cosses, légèrement salées, qu'il mangera directement de la cosse.

● Amenez 1 po / 2,5 cm d'eau à ébullition dans une casserole. Si vous utilisez des fèves soja fraîches, mettez-les dans un panier cuit-vapeur (ou une marguerite). Couvrez hermétiquement et faites cuire jusqu'à ce qu'elles soient tendres, environ 20 minutes. Si vous utilisez des fèves soja surgelées, suivez les directives sur l'emballage.

● Passez les fèves soja au robot culinaire jusqu'à consistance lisse, en arrêtant une fois pour racler les côtés du bol à mélanger. La purée aura une consistance de pastel. Ajoutez le yogourt et malaxez jusqu'à consistance crémeuse et lisse.

● Incorporez le persil et servez.

Remarque S'il y a des allergies dans la famille, vous souhaiterez peut-être retarder l'introduction du soja dans l'alimentation de bébé ; consultez votre pédiatre. Pour conserver, réfrigérez la purée de soja dans un contenant hermétique pour une durée maximale de 3 jours, ou congelez-la fraîche sans y ajouter de yogourt pour une durée maximale de 3 mois

Tofu à texture fine et purée de pêches

**tofu à texture fine,
1 tasse / 250 ml**

**purée de
pêches (p. 41),
¼ tasse / 60 ml**

**germe de blé grillé,
½ c. à thé / 2,5 ml
(facultatif)**

**DONNE
1 ¼ TASSE / 300 ML**

- Dans un bol moyen, battez le tofu en crème. Divisez le tofu dans quatre ramequins de 3½ po / 8 cm.

- Placez 1 c. à soupe / 15 ml de purée de pêches au centre de chaque ramequin. Faites tournoyer une cuillère dans la purée de tofu pour former un joli motif.

- Saupoudrez chaque ramequin de $1/8$ de c. à thé / 0,5 ml de germe de blé grillé, si vous en utilisez.

Remarque S'il y a des allergies dans la famille, vous souhaiterez peut-être retarder l'introduction du soja et du blé dans l'alimentation de bébé ; consultez votre pédiatre. Pour conserver, réfrigérez dans un contenant hermétique pour une durée maximale de 3 jours.

La purée de pêches de bébé ajoute une touche séduisante de saveur et de couleur à cette recette mettant en vedette le soja sous une forme fermentée : le tofu crémeux à texture fine. Une fois que votre bébé a commencé à manger du blé, garnissez le dessus de ce plat avec du germe de blé grillé pour lui donner un goût croquant de noix. Ce plat constitue un dessert simple ou un petit déjeuner pour tout âge.

Pot-pourri de légumes-racines

Le rôtissage fait ressortir les riches saveurs et couleurs des nourrissants légumes-racines. Et le romarin, comme beaucoup d'autres herbes, apporte plus qu'un arôme exquis et une saveur délicieuse à ce plat. Il est riche en antioxydants, composés que l'on trouve dans de nombreuses plantes et qui aident à stimuler le système immunitaire et à lutter contre la maladie.

patate douce ou igname, 1

panais, 2

carottes, 2

huile d'olive extravierge, 2 c. à soupe / 30 ml

romarin frais, haché, 2 c. à thé / 10 ml

sel, ¼ c. à thé / 1 ml

poivre, ¼ c. à thé / 1 ml

DONNE ENVIRON 2 TASSES / 500 ML

● Préchauffez le four à 400 °F (200 °C). Pelez la patate douce, les panais et les carottes. À l'aide d'une mandoline ou d'un couteau de chef, tranchez les légumes en rondelles de ½ po / 1 cm d'épaisseur. Coupez la patate douce en quartiers ou en morceaux, au besoin, pour qu'ils correspondent à peu près à la taille des morceaux de panais et de carottes.

● Mettez les légumes dans un plat de cuisson en céramique ou en verre. Arrosez d'huile, saupoudrez de romarin, de sel et de poivre, et mélangez pour bien enrober. Faites griller les légumes jusqu'à ce qu'ils soient tendres, de 15 à 20 minutes.

● Selon l'âge de votre bébé et sa capacité à mastiquer, écrasez à la fourchette une partie du pot-pourri de légumes cuits et passez au robot culinaire l'autre partie, puis combinez le tout pour varier les textures. Ou coupez simplement les morceaux de légumes un peu plus finement pour les petites bouches.

Pour conserver Réfrigérez dans un contenant hermétique pour une durée maximale de 3 jours.

9 à 11 mois

Hachis de porc et de poire

Lorsque bébé peut bien mastiquer ses aliments et commence à apprécier les textures épaisses, les viandes deviennent plus attrayantes pour lui. Le porc doux et les fruits sucrés font toujours une bonne combinaison, et la viande de porc est assez maigre de nos jours pour constituer une très bonne source de protéines. Utilisez n'importe quelle variété et couleur de poires ou, en été, essayez des prunes.

bouillon pour bébé (p. 44) ou bouillon à faible teneur en sodium, ½ tasse / 125 ml

côtes ou côtelettes de porc désossées, ½ lb / 250 g, coupées en cubes de ½ po / 1 cm

poire, ½, pelée et hachée

muscade, ⅛ c. à thé / 0,5 ml, fraîchement râpée

DONNE 1 TASSE / 250 ML

● Dans une poêle à frire de 8 po / 20 cm, faites chauffer le bouillon à feu moyen. Ajoutez la viande de porc et mélangez dans le bouillon. Le liquide ne devrait pas couvrir la viande ; le porc flotte. Laissez mijoter jusqu'à ce que la viande ait perdu sa couleur rose, environ 3 minutes. Retirez à l'aide d'une écumoire.

● Dans un petit bol, mélangez la poire et la muscade. Ajoutez la poire au bouillon dans la poêle, couvrez et laissez mijoter à feu moyen jusqu'à ce qu'elle soit tendre, environ 3 minutes, selon le degré de maturité. Égouttez et réservez le jus de cuisson.

● Placez le porc dans le robot culinaire et malaxez pour hacher (environ 12 impulsions).

● Transférez les poires dans un petit bol et écrasez-les à la fourchette. Ajoutez la viande de porc aux poires et remuez pour combiner. Ajoutez du jus de cuisson pour ajuster l'humidité, si nécessaire.

Pour conserver Réfrigérez dans un contenant hermétique pour une durée maximale de 3 jours.

9 à 11 mois

Brochettes de poulet et légumes

**poitrine de poulet
sans la peau et
désossée, 1 grosse,
¾ lb / 340 g, cou-
pée en cubes de
½ po / 1 cm**

**sauce soja à faible
teneur en sodium,
3 c. à soupe / 45 ml**

**huile de canola,
1 c. à soupe / 15 ml**

**cassonade, ½ c. à
thé / 2,5 ml**

**gingembre moulu,
¼ c. à thé / 1 ml**

**courge ou
courgette d'été,
1 moyenne**

**poivron rouge ou
orange, 1 moyen
ou 8 miniatures**

**champignons
bruns ou blancs, 8**

**DONNE
4 BROCHETTES**

● Mettez le poulet dans un grand plat en verre. Dans un petit bol, mélangez la sauce soja, l'huile, le sucre et le gingembre pour faire une marinade. Réservez 1 c. à soupe / 15 ml de marinade dans un petit bol, versez le reste sur le poulet. Couvrez et réfrigérez pendant au moins 30 minutes ou jusqu'à 4 heures. Pendant ce temps, mettez à tremper 4 brochettes de bois dans de l'eau froide pendant au moins 30 minutes.

● Préchauffez la rôtissoire ou préparez le barbecue pour une cuisson directe sur feu vif. Coupez la courge en rondins de 1 po / 2,5 cm. Parez et épépinez le poivron et coupez-le en carrés de ½ po / 1 cm. Placez la courge, le poivron et les champignons dans un bol moyen. Arrosez de la marinade réservée et mélangez pour enrober uniformément.

● Égouttez les brochettes de bois. Enfilez le poulet et les légumes sur les brochettes, en alternant au goût. Si vous utilisez le gril du four, placez les brochettes sur une plaque de cuisson légèrement graissée ou sur une rôtissoire. Faites cuire sous le gril ou sur le barbecue jusqu'à ce qu'elles soient dorées d'un côté, 5 à 6 minutes. Tournez et faites griller le deuxième côté jusqu'à ce que la viande soit dorée et que le poulet soit bien cuit, de 4 à 6 minutes.

Pour conserver Réfrigérez dans un contenant hermétique pour une durée maximale de 3 jours.

Cette recette tout usage peut être ajustée à tous les âges et à tous les goûts, non seulement à ceux de bébé. Choisissez une combinaison de couleurs, de légumes et de viandes en fonction des préférences de toute votre famille. Si nécessaire, vous pouvez réduire le poulet et les légumes en purée pour les jeunes bébés. Pour les petits marcheurs, hachez le poulet en petits morceaux pour qu'ils puissent se servir. Servez avec le pot-pourri millet et courgettes (page 51) ou avec une polenta (page 94).

9 à 11 mois

Parfait aux mûres et à la ricotta

**mûres, 1 tasse /
250 ml, plus quel-
ques-unes pour garnir**

**ricotta,
½ tasse / 125 ml**

**muscade, ⅛ c.
à thé / 0,5 ml,
fraîchement râpée**

**cannelle moulue,
⅛ c. à thé / 0,5 ml**

**DONNE
1 ½ TASSE / 375 ML**

• Passez les mûres au robot culinaire jusqu'à consistance lisse. Il y aura des graines dans la purée. Pour les retirer, passez la purée dans un tamis à mailles fines par-dessus un petit bol à l'aide d'une spatule en caoutchouc.

• Dans un petit bol, mélangez la ricotta, la muscade et la cannelle. Dans une coupe à dessert, alternez les couches de purée de mûres et de mélange de ricotta. Terminez avec des moitiés de mûres pour garnir le dessus.

Remarque Les mûres sont moins allergènes que les fraises ou les framboises, mais s'il y a des allergies dans la famille, vous souhaite-rez peut-être retarder l'introduction de ce fruit dans l'alimentation de bébé ; consultez votre pédiatre. Pour conserver le parfait, couvrez-le hermétiquement et réfrigérez-le pour une durée maximale de 2 jours.

Ce parfait est une belle et saine façon de transformer des petits fruits en gâterie spéciale. La super-position de cou-leurs et de saveurs fonctionne bien avec un seul type de petits fruits, comme des mûres ou des bleuets, ou, pour les bébés plus âgés, des framboises ou des fraises. Vous pouvez aussi essayer un mélange de petits fruits. La ricotta ajoute de la richesse et de l'onctuosité aux petits fruits et les épi-ces leur confèrent un peu de douceur.

9 à 11 mois

Dal pour bébé

Cette version d'un savoureux mets indien alliant les épices, les légumes et les lentilles rouges n'est pas trop relevée pour les jeunes palais. Les lentilles rouges sont plus petites que les lentilles vertes ou brunes et cuisent assez rapidement. Elles constituent une excellente source de protéines, de fibres, d'acide folique, de fer et d'autres minéraux pour les jeunes mangeurs.

lentilles rouges, ⅓ tasse / 80 ml

mini-carottes, 12

petites pommes de terre rouges, 3

oignons verts, 2 c. à soupe / 30 ml, hachés

bouillon pour bébé (p. 44) ou bouillon à faible teneur en sodium, 2 tasses / 500 ml ou au besoin

poudre de cari, coriandre moulue, curcuma moulu et cumin moulu, ¼ c. à thé / 1 ml de chacun

DONNE ENVIRON 3 TASSES / 750 ML

- Triez les lentilles en rejetant celles qui sont déformées. Rincez et égouttez.

- Hachez finement les carottes et les pommes de terre.

- Dans une casserole, mélangez tous les ingrédients et chauffez à feu moyen-vif. Couvrez, réduisez le feu et laissez mijoter jusqu'à ce que les légumes soient tendres, environ 20 minutes. Remuez toutes les 5 minutes et assurez-vous que le bouillon ne soit pas complètement absorbé. Ajoutez-en si nécessaire.

- Selon l'âge de votre bébé et sa capacité à mâcher, servez-lui ce mets entier, ou passez-le au robot culinaire ou au tamis en y ajoutant de l'eau au besoin pour faire une purée grossière.

Pour conserver Réfrigérez dans un contenant hermétique pour une durée maximale de 3 jours.

9 à 11 mois

Cari pour bébé

poitrine de poulet sans la peau et désossée, 1 grosse ¾ lb / 340 g

fécule de maïs, 1 c. à thé / 5 ml

huile de canola ou de pépins de raisin, 1 c. à soupe / 15 ml

courgettes ou autres courges d'été, 1 tasse / 250 ml, coupées en dés

lait de coco, ½ tasse / 125 ml

bouillon pour bébé (p. 44) ou bouillon à faible teneur en sodium, ½ tasse / 125 ml

pâte de cari rouge ou poudre de curry doux, 1 c. à thé / 5 ml

basilic frais, 2 c. à soupe / 30 ml, haché

DONNE ENVIRON 3 TASSES / 750 ML

● Coupez le poulet en lanières minces.

● Mettez la fécule de maïs dans un petit bol et incorporez-y 1 c. à soupe / 15 ml d'eau.

● Chauffez l'huile dans un wok à feu moyen-vif. Ajoutez le poulet et faites sauter environ 2 minutes. Retirez le poulet et réservez.

● Ajoutez les courgettes, le lait de coco, le bouillon et la pâte de cari dans le wok et portez à ébullition. Réduisez le feu, couvrez et laissez mijoter jusqu'à ce que les courgettes soient tendres, 6 à 7 minutes. Remettez le poulet dans le wok et ajoutez le basilic. Brassez le mélange de fécule pour le recombiner et versez-le dans le wok. Faites cuire en remuant constamment, jusqu'à ce que la sauce épaississe et que le poulet soit bien cuit, environ 2 minutes.

● Lorsque vous préparez l'assiette de bébé, coupez le poulet en petits morceaux.

Remarque Pour donner au cari de bébé une saveur thaïlandaise, choisissez de la pâte de cari rouge doux en conserve préparée sans crevettes ni crustacés. Notez que la pâte de cari vert est plus piquante que celle de cari rouge et ne doit pas être substituée à la pâte rouge ici. Si la pâte de cari rouge n'est pas disponible, choisissez une poudre de cari indien doux. Réfrigérez le cari dans un contenant hermétique pour une durée maximale de 3 jours.

Il s'agit d'un repas simple à faire au wok que toute la famille peut apprécier. Si vous ne disposez pas d'un wok, utilisez une grande casserole. Le lait de coco confère au cari juste ce qu'il faut de douceur pour plaire aux jeunes gourmets. Sa teneur en gras est parfaite pour les bébés, mais si les adultes en prennent aussi, n'hésitez pas à utiliser du lait de coco léger. Servez sur du riz brun pour petit trottineur (page 62).

9 à 11 mois

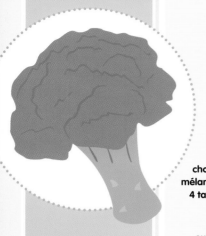

Petits arbres

Le rôtissage des fleurons de brocoli et de chou-fleur leur donne une couleur dorée parsemée de nuances brunes riches et caramélisées sur le dessus et fait ressortir une délicieuse saveur de noisette. Si vous le souhaitez, plantez les «arbres» dans un lit de purée de patates douces pour créer une délicieuse (et extrêmement nutritive) petite forêt d'arbres de brocoli qui impressionnera votre enfant.

brocoli ou chou-fleur (ou un mélange des deux), 4 tasses / 1 litre de fleurons fins

huile d'olive extravierge, 2 c. à soupe / 30 ml

sel, ¼ c. à thé / 1 ml

poivre

DONNE ENVIRON 2 TASSES / 500 ML

● Préchauffez le four à 400 °F (200 °C). Parez les fleurons pour qu'ils aient une taille uniforme.

● Dans un grand bol, mélangez les fleurons, l'huile, le sel et le poivre au goût. Mettez les légumes dans un plat de cuisson en céramique ou en verre. Faites rôtir au four, en remuant une fois, jusqu'à ce que le brocoli soit tendre, croustillant et doré par endroits, de 25 à 30 minutes.

● Servez chaud ou tiède. Selon l'âge de votre bébé et sa capacité à mastiquer, faites des «arbres» entiers, tranchez-les en longueur ou coupez-les grossièrement.

Remarque Servez avec des pointes de citron pour les convives âgés de plus de 1 an, si vous le désirez. Réfrigérez les fleurons dans un contenant hermétique pour une durée maximale de 3 jours.

9 à 11 mois

Nouilles de riz primavera

Cette recette combine tous les légumes verts frais du printemps et la vive saveur de l'aneth, mais vous pouvez y ajouter des légumes ou des fines herbes que votre bébé aime. Ce plat amusant permet à bébé de s'entraîner à saisir les aliments et à s'alimenter par lui-même. Les pâtes de riz sont un excellent moyen d'introduire des nouilles dans son alimentation, car elles ne contiennent pas les allergènes qui se trouvent dans la plupart des pâtes : le blé et les œufs.

asperges, ¼ tasse / 60 ml, hachées

petits pois frais ou surgelés, ¼ tasse / 60 ml

cœurs d'artichaut frais ou surgelés, ⅓ tasse / 80 ml hachés

pâtes de riz, ¼ lb / 115 g

beurre non salé, 1 c. à soupe / 15 ml

purée de courgettes (p. 23), 2 c. à soupe / 30 ml

aneth frais, haché, 1 c. à thé / 5 ml

DONNE 4 TASSES / 1 LITRE

● Remplissez aux deux tiers d'eau une casserole pouvant contenir un panier cuit-vapeur (ou une marguerite). Portez à ébullition à feu moyen-vif. Mettez les asperges, les pois et les cœurs d'artichauts dans le panier cuit-vapeur. Ajoutez les pâtes dans la casserole et, après 4 minutes de cuisson, insérez le panier cuit-vapeur contenant les légumes. Couvrez et laissez cuire jusqu'à ce que les pâtes et les légumes soient tendres, environ 5 minutes.

● Retirez le panier cuit-vapeur de la casserole. Égouttez les pâtes, en réservant 1 c. à soupe de liquide de cuisson, et mettez les pâtes dans un grand bol. Coupez les pâtes d'une grosseur qui convient à bébé à l'aide de ciseaux de cuisine. Ajoutez les asperges, les pois, les cœurs d'artichauts et les pâtes. Ajoutez le liquide de cuisson réservé, du beurre, de la purée de courgettes et de l'aneth et remuez pour combiner.

● Selon l'âge de votre bébé et sa capacité à mastiquer, servez-lui ce mets entier ou écrasez les petits pois, les asperges et les cœurs d'artichaut à la fourchette.

Remarque Si vous ne disposez pas d'un panier cuit-vapeur, vous pouvez utiliser 2 casseroles, l'une pour la cuisson des pâtes et l'autre pour la cuisson des légumes. Pour conserver, réfrigérez les pâtes dans un contenant hermétique pour une durée maximale de 3 jours.

9 à 11 mois

Pointes d'asperges à la feta

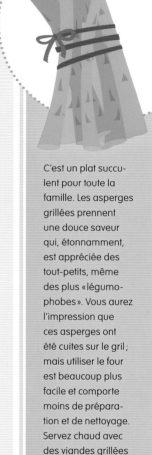

asperges,
1 botte (environ
1 lb / 450 g)

huile d'olive,
2 c. à soupe / 30 ml

sel, 2 c. à
thé / 10 ml

feta, 1/3 tasse /
80 ml, émiettée

**DONNE ENVIRON
2 TASSES / 500 ML**

- Préchauffez le four à 400 °F (200 °C). Recouvrez de papier d'aluminium une plaque à cuisson de 9 po sur 12 po / 22 cm sur 30 cm.

- Enlevez les extrémités dures des asperges et placez les pointes dans le moule. Arrosez d'huile, saupoudrez de sel et roulez les asperges pour bien les enrober. Faites griller les pointes au four jusqu'à ce qu'elles soient tendres, de 8 à 10 minutes. Retirez du four et saupoudrez de fromage.

- Selon l'âge de votre bébé et sa capacité à mastiquer, laissez-le grignoter les pointes, coupez-les en morceaux ou écrasez-les grossièrement à la fourchette.

Pour conserver Réfrigérez les pointes d'asperges dans un contenant hermétique pour une durée maximale de 3 jours.

C'est un plat succulent pour toute la famille. Les asperges grillées prennent une douce saveur qui, étonnamment, est appréciée des tout-petits, même des plus «légumophobes». Vous aurez l'impression que ces asperges ont été cuites sur le gril; mais utiliser le four est beaucoup plus facile et comporte moins de préparation et de nettoyage. Servez chaud avec des viandes grillées ou comme plat froid pour un pique-nique ou un brunch.

12 À 18 MOIS
De véritables repas

Un monde de saveur

Félicitations. Même s'il ne marche pas tout à fait, votre enfant a atteint l'âge de l'exploration. À l'heure actuelle, il mange probablement une grande variété d'aliments et il est capable d'avaler des textures plus grossières. Il est sans doute plus intéressé que jamais à piger des bouchées dans votre assiette ou à vous donner sa nourriture.

Nouveaux aliments à essayer

Maintenant que bébé a 1 an, presque tous les aliments figurent sur son menu.

Si vous n'avez pas encore introduit dans son alimentation des aliments allergènes, tels que le lait de vache, les œufs, le poisson, le blé, le soja et les fraises, vous pouvez essayer dès maintenant de lui en donner, en vous rappelant la règle des 3 jours et en observant ses réactions. De nos jours, de nombreux experts recommandent de retarder l'introduction des noix, des arachides et des crustacés dans l'alimentation de tous les enfants.

Graines et céréales

blé boulgour
maïs
pain de blé
semoule et pâtes
  de blé entier

Peut-être a-t-il commencé à fixer ses choix sur quelques-uns de ses aliments préférés tout en refusant d'autres aliments qu'il appréciait auparavant. Continuez à lui offrir une variété d'aliments, même si ceux-ci sont refusés. À ce stade, une bonne stratégie consiste à lui offrir quelques aliments familiers en même temps que le nouvel aliment. Plus votre enfant expérimentera de nouvelles saveurs à son plus jeune âge, plus il sera susceptible de revenir à une large gamme d'aliments plus tard, une fois que la quasi inévitable phase difficile sera terminée.

Combien et à quelle fréquence?

À cet âge, votre enfant bouge constamment, se déplace, escalade et explore. Il a besoin d'un apport constant de carburant pour soutenir sa dépense élevée d'énergie. Attendez-vous à devoir lui servir 3 repas par jour plus 2 ou 3 collations santé. Essayez de préparer, dans la matinée, un plateau de collation rempli d'aliments variés dans lequel bébé peut piger tout au long de la journée ou pendant les repas.

À cet âge, environ 40 % à 50 % de l'alimentation de votre enfant doit encore contenir des matières grasses. Pour la croissance et le développement du cerveau, servez-lui beaucoup d'aliments riches en matières grasses et en protéines, tels que du lait entier, du fromage, du yogourt, de la viande, de la volaille, des œufs, du poisson et des avocats. (Si vous souhaitez que votre enfant ait un régime végétarien, consultez votre pédiatre afin de vous assurer que votre bébé reçoit l'apport nutritionnel dont il a besoin.) Pour ses besoins énergétiques, servez-lui des aliments riches en glucides complexes, comme les haricots et les pâtes et pains de grains entiers.

Nouvelles compétences

À cet âge, votre enfant peut très bien tenir une tasse à bec par lui-même; vous pouvez désormais lui retirer le biberon. Il est moins habile avec une cuillère. Avant 18 mois, les tout-petits ont de la difficulté à prendre une cuillérée de nourriture dans un bol, puis à changer l'angle de leur poignet pour insérer la cuillère dans leur bouche. Continuez à le laisser s'exercer à la cuillère, en particulier avec des aliments collants comme de la polenta ou du gruau.

Des repas pour la famille

Les recettes contenues dans ce chapitre peuvent être appréciées par toute la famille. À ce stade, vous n'avez pas besoin de préparer des repas spéciaux pour bébé. Votre enfant peut manger la plupart des mets que la famille mange : il suffit de couper ou d'écraser sa portion pour la lui rendre plus facile à prendre.

Il est bon que votre enfant expérimente maintenant la sociabilité qu'offrent les repas en famille. Essayez de vous asseoir et de prendre votre repas, ou au moins une collation, en même temps que votre enfant. Placez sa chaise haute tout près de la table et parlez à votre tout-petit des aliments que vous mangez ou de votre journée. Les familles qui partagent au moins un repas autour de la table trouvent que ça les maintient plus proches et plus à l'écoute ; c'est souvent la seule fois dans une journée où une vraie conversation peut avoir lieu.

Bizarreries de l'enfance

Vers 18 mois, votre enfant peut commencer à avoir quelques idées curieuses au sujet de la nourriture. Il peut vouloir des morceaux de pain ou d'autres aliments complets, et non pas «cassés» ou coupés, ou ne vouloir que des aliments d'une certaine couleur. Il peut devenir obsédé par un aliment en particulier pendant un certain temps. Ou il peut simplement refuser tout. Tenez compte des désirs de votre tout-petit à l'heure des repas, mais évitez de satisfaire tous ses caprices. S'il apprend qu'il peut retourner son dîner et se voir servir quelque chose d'autre spécialement pour lui, il profitera assurément de la situation pour faire de ses parents des cuisiniers de casse-croûte. Voilà un domaine où la fermeté aimante et la cohérence absolue vous seront d'un grand secours.

Variété et choix

Soyez patient et continuez à lui proposer de la variété. Permettez-lui de voir que vous appréciez les aliments sains que vous lui donnez. Offrez-lui quelques nouveaux mets ou aliments à chaque repas, y compris un mets qu'il mangera à coup sûr (si possible) et laissez-le décider de ce qu'il mangera et de la quantité qu'il prendra. Si vous vous préoccupez de l'apport alimentaire de votre enfant, gardez à l'esprit que l'important est de viser une alimentation équilibrée sur une période d'une semaine entière, et non pas pour un repas ou un jour particulier. Un jour, l'enfant peut refuser de manger des fruits et des légumes, le lendemain, il peut savourer ces mêmes légumes. S'il mange juste un peu, servez-lui des aliments qui sont riches en matières grasses, en calories et en nutriments, en particulier le lait.

Nouveaux aliments à essayer

Maintenant que bébé a 1 an, presque tous les aliments figurent sur son menu.

Légumes
aubergine
épinards (cuits)

Fruits
figue
fraise
framboise
kiwi
mangue
melon
melon d'eau
orange et autres
   agrumes
pamplemousse
papaye
tomate

Produits laitiers, viande, œufs et fruits de mer
bœuf
lait de vache
œuf entier
poisson

Autre
miel

Polenta

La polenta (semoule de maïs) et le boulgour (blé concassé) peuvent être agrémentés d'aliments aussi bien sucrés que salés. Mélangée avec des fruits et de la crème, la polenta constitue un excellent déjeuner de base. Ou encore, ajoutez-y du parmesan pour en faire un plat d'accompagnement pour le dîner. Le boulgour, un aliment de base de la cuisine du Moyen-Orient, peut être arrosé d'huile ou mélangé avec du yogourt et des fruits.

sel, ½ c. à thé / 2,5 ml

polenta, ½ tasse / 125 ml

beurre non salé, 1 c. à thé / 5 ml

parmesan râpé ou crème et fruits pour garnir

DONNE
1 ½ TASSE / 375 ML

● Dans une casserole, amenez 2 tasses / 500 ml d'eau salée à ébullition sur un feu moyen-vif. Réduisez le feu et versez-y lentement la polenta en fouettant sur un feu moyen. Faites cuire en remuant fréquemment à l'aide d'un fouet pour empêcher la polenta de coller et éviter la formation de grumeaux, jusqu'à ce que la polenta épaississe, perde sa texture granuleuse et ait absorbé toute l'eau, de 15 à 30 minutes. Le temps de cuisson varie d'une marque à une autre ; consultez les instructions du fabricant. Faites attention, car la polenta formera des bulles qui éclateront et feront des éclaboussures si la chaleur est trop élevée. Incorporez le beurre et laissez refroidir avant de servir.

● Saupoudrez d'une pincée de parmesan râpé et servez ; ou mélangez-y de la crème et des dés de fruits frais.

Pour conserver Réfrigérez dans un contenant hermétique pour une durée maximale de 4 jours.

Boulgour

blé boulgour, ½ tasse / 125 ml

raisins secs golden, ½ tasse / 125 ml, hachés

eau bouillante, 1 tasse / 250 ml

huile d'olive ou yogourt et fruits pour le service

DONNE
2 TASSES / 500 ML

● Dans un bol en verre, mélangez le boulgour et les raisins secs. Ajoutez l'eau bouillante. Couvrez hermétiquement et laissez reposer jusqu'à ce que l'eau soit absorbée, environ 1 heure.

● Servez le boulgour arrosé d'un peu d'huile, ou mélangé avec du yogourt et des fruits frais coupés en dés.

Remarque Le boulgour est une forme de blé ; aussi, lorsque vous l'introduirez pour la première fois dans l'alimentation de bébé, souvenez-vous d'en servir à bébé pendant 3 jours consécutifs et de surveiller ses réactions. Pour conserver, réfrigérez dans un contenant hermétique pour une durée maximale de 4 jours.

Sauce au fromage

**beurre non salé,
1 c. à soupe / 15 ml**

**farine non
blanchie, 2 c. à
soupe / 30 ml**

**lait entier,
1 ¼ tasse / 300 ml**

**fromage suisse ou
cheddar fort râpé,
½ tasse / 125 ml**

**muscade, ⅛ c.
à thé / 0,5 ml,
fraîchement râpée**

DONNE ENVIRON
1 ½ TASSE / 375 ML

● Dans une petite casserole, faites fondre le beurre à feu moyen. Ajoutez la farine et faites cuire en remuant avec un fouet jusqu'à ce qu'une pâte épaisse se forme, environ 1 minute. Incorporez le lait en fouettant, une petite quantité à la fois. Fouettez jusqu'à ce que la sauce bouillonne et devienne onctueuse et épaisse, de 5 à 7 minutes. Retirez la poêle du feu et incorporez le fromage et la muscade.

Remarque N'hésitez pas à utiliser dans cette sauce toutes les sortes de fromage que votre famille apprécie. Les autres fromages qui fondent bien et sont goûteux sont la mozzarella et le gruyère. Réfrigérez la sauce au fromage dans un contenant hermétique pour une durée maximale de 3 jours.

Purée d'épinards

**épinards, 1 botte
à l'état frais ou
10 oz / 275 g
congelés**

DONNE ENVIRON
1 TASSE / 250 ML

● Si vous utilisez des épinards frais, séparez les feuilles et enlevez les tiges. Remplissez un bassin ou un grand bol d'eau tiède, plongez les feuilles dans l'eau et secouez en profondeur. Le limon et le sable couleront au fond, ce qui laissera les feuilles propres.

● Amenez 1 po / 2,5 cm d'eau à ébullition dans une casserole. Mettez les épinards dans un panier cuit-vapeur (ou une marguerite), placez le panier dans la casserole. Couvrez hermétiquement et faites cuire à la vapeur jusqu'à ce qu'ils soient tendres et d'un vert vif, de 2 à 3 minutes. Rincez les épinards à l'eau froide courante. Égouttez, pressez et passez au robot culinaire jusqu'à consistance lisse.

Pour conserver Réfrigérez dans un contenant hermétique pour une durée maximale de 3 jours.

Certains enfants ne mangent pas leurs légumes sans un peu d'encouragement. Voici deux armes secrètes pour les parents. La première : une sauce au fromage simple, crémeuse, polyvalente, qui a bon goût lorsqu'elle est mélangée avec de la purée d'épinards (à gauche) ou versée sur des morceaux de légumes (ou sur du poulet, du poisson ou des pâtes). La deuxième : une purée d'épinards qui peut être incorporée à d'autres plats pour en augmenter la valeur nutritive. Essayez la sauce aux légumes cachés (page 112) dans vos lasagnes préférées ou même dans des brownies.

Crêpes au sarrasin

Qu'elle soit tartinée de jambon ou garnie de légumes, rien n'est plus polyvalent qu'une crêpe. Le sarrasin qui donne à ces crêpes leur saine masticabilité n'est pas un type de blé, ni même un grain, mais plutôt la graine d'un fruit. Il est communément ajouté à des produits de boulangerie pour en augmenter la valeur nutritive.

farine de sarrasin,
²/₃ tasse / 150 ml

farine à pâtisserie
de blé entier,
¹/₃ tasse / 80 ml

gros œufs, 2

lait entier,
1 ¼ tasse / 300 ml

miel, 1 c. à
soupe / 15 ml

sel, ¼ c. à thé / 1 ml

beurre non salé,
pour la poêle

DONNE 9 OU
10 CRÊPES

● Dans un bol moyen, mélangez la farine, les œufs, le lait, le miel et le sel et battez pour bien combiner. La pâte sera fine et fluide.

● Chauffez une poêle à crêpe ou une poêle à frire de 25 cm / 10 po légèrement graissée sur un feu moyen. Versez ¼ de tasse / 60 ml de pâte et inclinez la poêle pour couvrir uniformément le fond de la poêle. Faites cuire la crêpe jusqu'à ce que le dessus soit pris et que le fond soit légèrement doré, environ 1½ minute. À l'aide d'une spatule en caoutchouc résistant à la chaleur ou de vos doigts, détachez les bords autour de la crêpe et retournez-la. Faites cuire jusqu'à ce que le second côté soit doré, environ 30 secondes. Répétez l'opération avec le reste de la pâte, en ajoutant un peu de beurre dans la poêle avant la cuisson de chaque crêpe. Empilez les crêpes cuites entre des couches de papier ciré pour qu'elles ne collent pas.

● Les crêpes peuvent être garnies ou tartinées de tous les ingrédients que vous souhaitez.

Suggestions de saveurs sucrées ou salées

● Tartinez les crêpes d'une couche de fromage à la crème et d'une couche de confiture ou de compote de pommes. Roulez fermement les crêpes et coupez-les transversalement en rondelles.

● Coupez les crêpes en lamelles à tremper dans de la sauce aux bleuets (page 38) ou du yogourt (ou les deux).

● Après l'avoir retournée, lorsque la crêpe est encore dans la poêle, saupoudrez-y du parmesan ou du cheddar râpé et laissez fondre. Coupez la crêpe refroidie en morceaux de la grosseur d'une bouchée.

● Tartinez les crêpes de purée d'asperges (page 33) et de ricotta, coupez-les en 4 pointes, que vous repliez en triangles.

Pour conserver Emballez les crêpes entre des couches de papier ciré ; conservez au réfrigérateur pour une durée maximale de 3 jours ou au congélateur pour une durée maximale de 3 mois.

Hoummos pour petit trottineur

Les tout-petits aiment faire trempette et tartiner du pain. L'hoummos leur fournit une collation savoureuse et dense en éléments nutritifs. Il peut être tartiné sur des pointes de pain pita, des craquelins, des bâtonnets de légumes ou des baguels. L'hoummos est facile à faire; tout ce qu'il faut, c'est un mélangeur et quelques ingrédients. Ajustez l'ail en fonction des goûts de votre enfant (vous serez surpris de voir à quel point les bébés aiment ce plat).

pois chiches en conserve, 2 tasses / 500 ml

sauce tahini (pâte de sésame), ⅓ tasse / 80 ml

ail, 1 gousse, hachée (facultatif)

citron, 1, pressé

huile d'olive extravierge, 2 c. à soupe / 30 ml, ou au besoin

cumin moulu, ½ c. à thé / 2,5 ml

DONNE ENVIRON 2 ⅓ TASSES / 580 ML

● Rincez les pois chiches jusqu'à ce que l'eau soit claire et égouttez-les soigneusement.

● Combinez les pois chiches, le tahini, l'ail (si vous en utilisez), 1 c. à soupe / 15 ml de jus de citron, 1 c. à soupe / 15 ml d'huile et du cumin dans un robot culinaire ou un mélangeur et malaxez jusqu'à consistance lisse. Raclez les côtés du récipient et ajoutez 1 c. à soupe / 15 ml d'huile. Malaxez jusqu'à consistance pâteuse, encore 20 à 30 secondes.

● Goûtez et rectifiez la saveur et la consistance en ajoutant du jus de citron ou de l'huile.

Pour conserver Réfrigérez dans un contenant hermétique pour une durée maximale de 1 semaine.

Pointes de pain pita grillé

pains pita ronds, 2

huile d'olive, 1 c. à soupe / 15 ml

épices au choix, ½ c. à thé / 2,5 ml (facultatif)

DONNE 16 POINTES

● Préchauffez le four à 375 °F (190 °C). Coupez chaque pain pita en 8 pointes, comme une tarte. Badigeonnez les pointes d'huile d'olive et placez-les sur une plaque de cuisson. Saupoudrez d'épices au choix. Faites cuire au four jusqu'à ce que les pointes soient croustillantes, environ 10 minutes.

Remarque N'hésitez pas à épicer ces pointes à votre guise, que ce soit avec de la cannelle et de la cassonade, ou avec du sel d'ail et du cumin. Pour conserver, réfrigérez dans un contenant hermétique pour une durée maximale de 4 jours.

12 à 18 mois

Trempette à l'avocat

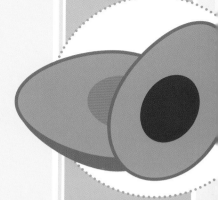

avocat, 1 gros

**jus de lime frais,
1 c. à soupe / 15 ml**

**coriandre fraîche,
1 c. à soupe / 15 ml,
hachée**

**oignon vert, 1 c. à
thé / 5 ml, haché**

**sel, ½ c. à
thé / 2,5 ml**

DONNE ¾ DE
TASSE / 175 ML

● Coupez l'avocat en deux et retirez-en le noyau. Raclez la chair et écrasez-la à la fourchette dans un petit bol.

● Ajoutez le jus de lime, la coriandre, l'oignon vert et le sel et mélangez bien.

Pour conserver Enveloppez dans une pellicule de plastique, en l'appliquant sur la surface de la trempette pour en ralentir la décoloration, et réfrigérez pour une durée maximale de 2 jours.

Bouchées de tortillas

**huile d'olive en
vaporisateur**

**tortillas à la farine
de 22 cm / 9 po, 5**

DONNE ENVIRON
20 BOUCHÉES

● Préchauffez le four à 375 °F (190 °C). Tapissez une plaque de cuisson de papier d'aluminium et enduisez-la d'huile.

● À l'aide d'emporte-pièces de 2 à 3 po / 5 à 7,5 cm, découpez des formes dans les tortillas. Placez les formes en une seule couche sur la plaque de cuisson préparée. Vaporisez-les légèrement d'huile et faites cuire au four jusqu'à ce qu'elles soient croustillantes, de 5 à 7 minutes.

Remarque Pour les jeunes bébés qui ne sont pas prêts pour des textures croûtés, il suffit de découper les formes et de les servir sans les faire griller. Plus les morceaux cuiront longtemps, plus ils seront croustillants. Les chutes de tortillas créées par le découpage des formes peuvent également être consommées nature ou grillées. Les enfants adorent les petites formes rigolotes.

Les avocats sont souvent un aliment préféré des jeunes pendant toute leur petite enfance; c'est une collation nourrissante et riche en gras qui aide à la construction du cerveau. Voici le premier goûter de guacamole (sans piment) de bébé. Augmentez la quantité d'oignon pour les bébés qui en aiment le goût ou pour les adultes qui partagent le repas. Servez avec des bâtonnets de légumes, du pain pita ou des tortillas à la farine de blé entier assaisonnées ou nature, découpées dans des formes amusantes (ci-contre).

Potage à la citrouille aux nouilles alphabet

beurre, 1 c. à soupe / 15 ml

oignon, 1 c. à soupe / 15 ml, finement coupé en dés

purée de courges d'hiver (p. 24) ou purée de citrouille en conserve, 1 tasse / 250 ml

bouillon de poulet à faible teneur en sodium, 2 tasses / 500 ml

purée de pommes (p. 27) ou compote de pommes, 1 c. à soupe / 15 ml

piment de la Jamaïque, ⅛ c. à thé / 0,5 ml

thym séché, ⅛ c. à thé / 0,5 ml

nouilles alphabet, ¼ tasse / 60 ml

DONNE
2 ½ TASSES / 625 ML

- Dans une casserole moyenne, faites fondre le beurre à feu moyen. Ajoutez l'oignon et laissez cuire pour faire ressortir les arômes, environ 30 secondes.

- Ajoutez la purée de citrouille, le bouillon, la purée de pommes, le piment de la Jamaïque et le thym et portez à ébullition.

- Ajoutez les nouilles alphabet et faites cuire jusqu'à ce qu'elles soient tendres, de 8 à 10 minutes, ou selon les directives du fabricant. Laissez refroidir légèrement avant de servir.

Pour conserver Réfrigérez dans un contenant hermétique pour une durée maximale de 3 jours.

Quelle façon amusante d'apprendre l'alphabet ! S'il vous en reste au congélateur, vous pouvez utiliser la purée de citrouille et d'autres courges d'hiver que vous avez préparée lorsque bébé était plus petit. Ou utilisez de la purée en conserve, qui, en plus d'être pratique, contient encore plus de bêta-carotène et de vitamine A que de la purée fraîche en raison de sa faible teneur en eau. Vous trouverez des nouilles alphabet nature ou assaisonnées aux légumes dans des épiceries spécialisées. Vous pouvez essayer d'autres petites formes de pâtes, comme de petits anneaux (anelli) ou des étoiles (stelline).

12 à 18 mois

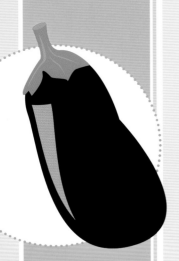

Trempette d'aubergine à la menthe

Si votre enfant rechigne à manger de l'aubergine, dites-lui que c'est un fruit, non un légume, et que c'est aussi un autre nom pour désigner la jolie couleur pourpre, qui est la couleur de l'aubergine. Elle est très appréciée dans le monde entier, de la Chine à la Méditerranée. Cette trempette fraîche d'inspiration indienne est un mélange d'aubergine, de yogourt et de menthe, le tout agrémenté d'une pincée de sucre.

**aubergine,
1 moyenne**

**yogourt de type
grec de lait
entier nature,
1 tasse / 250 ml**

**menthe fraîche,
2 c. à soupe /
30 ml, hachée**

**sucre brut,
1 c. à thé / 5 ml**

**jus de lime frais,
2 c. à soupe / 30 ml**

**pointes de pain
pita grillé (p. 98)
pour le service**

**DONNE ENVIRON
2 TASSES / 500 ML**

● Préchauffez le four à 375 °F (190 °C). Tapissez une plaque de cuisson de papier d'aluminium.

● Coupez et jetez la tige de l'aubergine et placez l'aubergine dans le plat de cuisson préparée. Faites rôtir au four jusqu'à ce que l'aubergine soit très tendre lorsque vous la percez avec la pointe d'un couteau et que la chair soit assez molle pour être raclée, de 45 à 50 minutes. Laissez refroidir suffisamment pour pouvoir la manipuler, décollez la peau et coupez grossièrement la chair. Passez l'aubergine au robot culinaire jusqu'à consistance lisse. Cela vous donnera environ 1 tasse / 250 ml de purée.

● Dans un grand bol, battez le yogourt au fouet jusqu'à consistance lisse et ajoutez-y la purée d'aubergine, la menthe, le sucre et le jus de lime. Servez cette trempette avec des pointes de pain pita.

Remarque Si vous n'avez pas de yogourt épais de type grec, prenez du yogourt de lait entier nature. Utilisez la couche de crème sur le dessus, si possible, car cette partie sera épaisse comme du yogourt de type grec (on peut aussi déposer un filtre à café dans un tamis et y ajouter 1½ tasse / 275 ml de yogourt entier et laisser le liquide se séparer du yogourt au réfrigérateur pendant 2 heures. Jetez le liquide. Le yogourt aura la même consistance que celui de type grec. Du yogourt de consistance plus légère sera tout aussi bon pour faire trempette. Pour conserver, réfrigérez dans un contenant hermétique pour une durée maximale de 3 jours.

12 à 18 mois

Minestrone à la dinde

poireau, ½

carotte, 1, pelée

courgette, 1

haricots verts,
1 poignée

branche de céleri, 1

tomates,
3 moyennes

haricots cannellini
en conserve,
1 tasse / 250 ml

huile d'olive,
3 c. à soupe / 45 ml

dinde hachée,
½ lb / 250 g

sel et poivre

origan séché,
1 c. à thé / 5 ml

bouillon de
légumes à faible
teneur en sodium,
4 tasses / 1 litre

pâte de tomate,
2 c. à soupe / 30 ml

feuilles de thym
frais, 1 c. à
soupe / 15 ml

coudes de
macaroni,
¼ tasse / 60 ml

DONNE ENVIRON
6 TASSES

- Coupez le poireau en fines tranches. Coupez en morceaux la carotte, la courgette, les haricots verts, le céleri et les tomates. Réservez. Rincez les haricots cannellini jusqu'à ce que l'eau soit claire et égouttez-les soigneusement. Réservez.

- Dans une grande casserole, faites chauffer l'huile à feu moyen. Ajoutez la dinde, assaisonnez de sel et de poivre et saupoudrez d'origan. Faites cuire, en brassant pour défaire la chair de dinde, jusqu'à ce que la viande ait perdu sa couleur rose, 4 à 5 minutes. Retirez la dinde à l'aide d'une écumoire et réservez. Ajoutez les poireaux, les carottes, les courgettes, les haricots verts et le céleri dans la casserole. Couvrez, réduisez le feu et faites cuire à feu doux, en remuant de temps en temps, pendant 15 minutes.

- Incorporez le bouillon, les tomates, la pâte de tomate et le thym et augmentez le feu à moyen-élevé. Amenez à ébullition, couvrez, réduisez le feu et laissez mijoter à feu doux pendant 20 minutes.

- Ajoutez les haricots cannellini et le macaroni et laissez mijoter jusqu'à ce que les pâtes soient *al dente*, environ 10 minutes, ou selon les directives du fabricant. Incorporez la dinde et faites réchauffer environ 5 minutes. Assaisonnez de sel et de poivre au goût et servez.

Pour conserver Réfrigérez dans un contenant hermétique pour une durée maximale de 5 jours.

La soupe minestrone est un excellent moyen d'utiliser une abondance de fines herbes et de produits frais de votre potager ou de la ferme ; c'est aussi un moyen de fournir à toute la famille une délicieuse dose de légumes contenant un vaste éventail de vitamines. N'hésitez pas à remplacer la dinde par des restes de viande, ou à ne pas mettre de viande et à servir la soupe avec du pain croûté pour un repas végétarien classique. Les haricots sont riches en protéines.

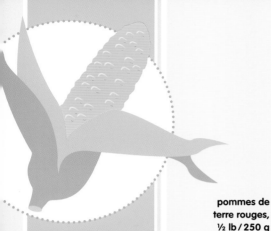

Chaudrée de maïs et de saumon

Ce plat est parfait pour un souper de fin de semaine en famille. Beaucoup d'enfants sont comme Boucles d'Or et n'aiment pas les aliments qui sont trop chauds ou trop froids ; vous devrez peut-être servir la soupe à votre enfant à la température ambiante. Assurez-vous de découper les plus gros morceaux de la portion de bébé, au besoin ; les grains de maïs, en particulier, peuvent constituer un danger pour les bébés qui apprennent à mastiquer.

pommes de terre rouges, ½ lb / 250 g

oignon, ¼ de tasse / 60 ml, coupé en dés

branche de céleri, 1

carotte, 1 moyenne, pelée

ail, 1 gousse

huile d'olive, 1 c. à soupe / 15 ml

feuille de laurier, 1

bouillon de légumes à faible teneur en sodium, 1½ tasse / 375 ml

filet de saumon sans la peau ¾ lb / 340 g

lait entier, 1½ tasse / 375 ml

maïs en grains, frais ou congelé, 1½ tasse / 375 ml

sel et poivre

DONNE ENVIRON 6 TASSES / 1,5 LITRE

● Pelez et coupez en dés les pommes de terre ; réservez. Coupez en dés l'oignon, le céleri et la carotte. Hachez l'ail.

● Dans une marmite, faites chauffer l'huile à feu moyen. Ajoutez l'oignon, le céleri, la carotte, l'ail et la feuille de laurier et faites sauter jusqu'à ce que les légumes soient dorés, de 5 à 7 minutes. Réduisez le feu, couvrez et laissez mijoter à feu moyen-doux, en remuant de temps en temps, jusqu'à ce que les légumes soient tendres, environ 10 minutes. Ajoutez le bouillon et les pommes de terre, augmentez le feu et portez à ébullition. Réduisez le feu, couvrez et laissez mijoter à feu moyen-doux jusqu'à ce que les pommes de terre soient tendres, environ 12 minutes.

● Coupez le saumon en morceaux de 1 po / 2,5 cm.

● Passez le lait et 1 tasse / 250 ml de maïs au mélangeur. Mettez dans la marmite la purée de maïs, ½ tasse / 125 ml de grains de maïs et les morceaux de saumon. Montez un peu le feu et laissez mijoter à feu moyen, à découvert, jusqu'à ce que le saumon soit cuit et que la soupe soit chaude, de 5 à 7 minutes. Jetez la feuille de laurier. Assaisonnez de sel et de poivre au goût.

● Si les morceaux dans la soupe sont trop gros pour votre tout-petit, passez sa portion au robot culinaire.

Remarque Le saumon est un excellent poisson pour les enfants ; faible en mercure, il contient des acides gras oméga-3, qui favorisent le développement du cerveau et la santé du cœur. S'il y a des allergies dans la famille, vous souhaiterez peut-être retarder l'introduction du poisson dans l'alimentation de bébé ; consultez votre pédiatre. Pour conserver, réfrigérez dans un contenant hermétique pour une durée maximale de 2 jours.

12 à 18 mois

Hamburgers aux lentilles avec sauce menthe-yogourt

La sauce à la menthe ajoute une touche de saveur et d'humidité à ces hamburgers aux lentilles. Il existe des variétés de lentilles de toutes couleurs : vertes, brunes, rouges, jaunes et noires. Ce hamburger végétarien est fait de lentilles brunes, riches en protéines, en fibres et en minéraux, et contenant des vitamines B, en particulier de l'acide folique.

lentilles brunes,
¾ tasse / 175 ml,
triées et rincées

flocons d'avoine
à l'ancienne,
½ tasse / 125 ml

ail, 1 gousse,
hachée

cumin moulu,
1 c. à thé / 5 ml

poudre de cari
doux, 1 c. à
thé / 5 ml

gros œuf, 1, battu

sel et poivre
fraîchement moulu

yogourt de
lait entier,
1 tasse / 250 ml

menthe fraîche,
⅔ tasse / 150 ml,
hachée

huile de canola,
1 c. à soupe / 15 ml

DONNE
6 HAMBURGERS
DE 4 PO / 10 CM

● Dans une grande casserole, mélangez 2 tasses / 500 ml d'eau et les lentilles. Amenez à ébullition à feu moyen-vif, couvrez et laissez mijoter jusqu'à ce que les lentilles soient tendres, environ 15 minutes. Égouttez.

● Pendant ce temps, passez l'avoine au robot culinaire pour lui donner une texture grossière.

● Dans un grand bol, écrasez les lentilles au pilon ou à la fourchette. Ajoutez 3 c. à soupe d'avoine moulue, l'ail, le cumin et la poudre de cari et mélangez. Ajoutez l'œuf et assaisonnez de sel et de poivre. Façonnez six galettes de 4 po / 10 cm de diamètre et de ½ po / 1 cm d'épaisseur avec vos mains. Enrobez les galettes de l'avoine restante et refroidissez-les au réfrigérateur à découvert pendant 10 minutes.

● Dans un petit bol, mélangez le yogourt et la menthe pour en faire une sauce. Réservez.

● Dans une grande poêle à frire, faites chauffer l'huile à feu moyen-vif. Faites frire les hamburgers, en les retournant une fois, jusqu'à ce qu'ils soient brunis et croustillants, de 3 à 4 minutes de chaque côté.

● Selon l'âge de votre jeune marcheur et sa capacité à mastiquer, nappez les hamburgers de sauce et coupez-les en petits morceaux, ou coupez-les en lamelles pour faire trempette dans la sauce.

Remarque Pour les enfants plus âgés et les adultes, servez des hamburgers dans des pains pita ronds séparés en deux, garnis de feuilles de laitue grasse, de tranches de tomate et d'une cuillerée de sauce menthe-yogourt. Pour conserver, réfrigérer les hamburgers dans un contenant hermétique pour une durée maximale de 2 jours, ou enveloppez-les dans du papier ciré, puis dans des sacs de congélation, et congelez-les pour une durée maximale de 1 mois. Réfrigérez la sauce pour une durée maximale de 3 jours.

12 à 18 mois

Petits beignets de légumes

patate douce, 1 moyenne

courgette, 1 grosse

farine de maïs, 1 tasse / 250 ml

poudre à pâte, ½ c. à thé / 2,5 ml

sel et poivre

œuf, 1, battu

huile de canola, 2 c. à soupe / 30 ml

crème sure ou moutarde, pour faire trempette

DONNE 15 BEIGNETS DE 2 PO / 5 CM

● Préchauffez le four à 250 °F (120 °C).

● Pelez et râpez les patates douces. Râpez la courgette, en laissant la peau. Cela devrait vous donner environ 1 tasse / 250 ml de chaque légume. Enveloppez les légumes râpés dans un linge de cuisine propre ou du papier essuie-tout et pressez délicatement pour en extraire le plus de liquide possible. Transférez dans un bol à mélanger moyen.

● Dans un petit bol, mélangez la farine de maïs et la poudre à pâte. Assaisonnez de sel et de poivre. Ajoutez le mélange de farine et l'œuf aux légumes et remuez pour bien combiner.

● Dans une grande poêle à frire, faites chauffer l'huile à feu moyen. Par grosses cuillérées de mélange, façonnez des boulettes rondes avec vos mains mouillées et aplatissez-les en galettes. Faites cuire les beignets, quelques-uns à la fois, en les retournant une fois, jusqu'à ce qu'ils soient dorés et croustillants, de 2 à 3 minutes en tout. Sortez-les de la poêle à l'aide d'une écumoire et placez-les sur des serviettes en papier pour les laisser s'égoutter, puis transférez-les sur une plaque de cuisson et mettez-les au four à basse température pour les maintenir au chaud jusqu'à ce que tous les beignets soient faits. Répétez l'opération avec tout le mélange de légumes.

● Servez avec un petit bol de crème sure ou, pour les petits mangeurs audacieux, de moutarde, en guise de trempette.

Dans les premiers mois de l'alimentation solide, certains bébés mangent tellement de purée d'ignames et d'autres aliments riches en bêta-carotène que leur peau devient un peu orange; leurs parents en viennent parfois à avoir hâte de ne plus voir une seule patate douce. Voici une façon radicalement différente de nourrir votre jeune enfant de cette centrale d'énergie nutritionnelle. Croustillante à l'extérieur et tendre à l'intérieur, cette préparation entraîne les bébés les plus capricieux à manger leurs légumes et surtout à les aimer.

Pour allécher le jeune marcheur

La période des premiers pas est une période de changements rapides. Votre enfant peut commencer à refuser des aliments dont il raffolait, devenir obsédé par un aliment particulier pendant une semaine ou manger si peu que vous vous inquiétez pour sa santé. Comprendre les raisons derrière les changements peut vous aider à vous détendre face aux habitudes alimentaires changeantes de votre enfant.

Chipoter peut être un instinct de protection chez les jeunes enfants. De nombreux légumes ont une saveur amère et, dans la nature, l'amertume peut indiquer une plante vénéneuse. Si une plante toxique n'a pour effet que de rendre un adulte malade, elle peut tuer un enfant. Certains scientifiques croient que c'est pour cette raison que les enfants semblent destinés à jouer la prudence lorsqu'il s'agit de nourriture. Voici d'autres raisons qui peuvent expliquer les changements dans les habitudes alimentaires de votre enfant.

Activité débordante	Votre tout-petit est trop occupé et débordant d'énergie pour rester assis durant des repas qui se prolongent. Prendre plusieurs petits repas tout au long de la journée est un modèle plus naturel pour les enfants de ce groupe d'âge que de prendre trois gros repas (ce peut être une façon plus saine de manger pour les adultes aussi).
Court-circuit	Un tout-petit peut se sentir facilement submergé. Si vous mettez une grande quantité de nourriture sur le plateau de sa chaise haute, il peut trouver que ça lui en fait trop à manger ; il finira par jouer avec cette nourriture ou par la jeter par terre. Servez-lui de petites quantités à la fois.
Libre arbitre	Les tout-petits apprennent à exercer leur volonté. L'heure des repas peut devenir pour eux un moment clé. Laissez votre enfant décider lui-même de ce qu'il mangera et de la quantité qu'il prendra en lui offrant simplement une variété d'aliments sains à chaque repas.
Raffinement du palais	Les papilles gustatives des enfants sont plus nombreuses et plus aiguisées que celles des adultes, de sorte que le goût des aliments est plus prononcé pour les enfants que pour les adultes. Comme nous l'avons indiqué plus haut, les aliments amers, comme beaucoup de légumes, sont particulièrement dérangeants. Pour les camoufler, mélangez-les à d'autres aliments.
Ralentissement de croissance	La croissance de votre enfant a ralenti considérablement après la première année. Un jeune marcheur n'a pas besoin d'autant de nourriture, toute proportion gardée, qu'un bébé.
Recherche de confort	Les jeunes marcheurs sont en train d'explorer un monde qui s'élargit sans cesse, mais ils ont envie d'équilibrer la nouveauté par la familiarité et la prévisibilité, en particulier à l'heure des repas et du coucher. Vous devrez peut-être vous y reprendre 15 fois avant qu'un nouvel aliment lui devienne familier et soit accepté.

Faire de l'alimentation un plaisir

Essayez de comprendre les besoins changeants de votre enfant en matière d'alimentation pour éviter les repas orageux. Une attitude frustrée ou une expression ennuyée de votre part ne réussira qu'à amuser votre enfant ou à lui causer du stress inutile. Bien que vous ne puissiez pas forcer un enfant à manger (mettre de la pression ou faire des câlins pour amener un enfant à manger sont des tactiques contestables), vous pouvez rendre les aliments plus attrayants et amusants afin d'inciter votre enfant à s'attarder à table.

Dans le but de favoriser une bonne attitude à l'égard de la nourriture chez votre enfant, évitez l'utilisation de certains aliments (tels que les bonbons) comme récompense ou gâterie. La meilleure tactique consiste à maintenir une atmosphère favorable à table et à laisser votre enfant vous regarder en train de manger et d'apprécier tous les bons aliments que vous lui avez servis.

Décorez le plat
Pensez à des façons créatives de présenter les aliments : sandwichs coupés en étoiles, crêpes garnies de petits fruits formant des visages. Armez-vous d'emporte-pièces et de flacons souples et laissez marcher votre imagination.

Faire trempette
Offrez à votre tout-petit des fruits en tranches, des bâtonnets de légumes et des morceaux de pain grillé et laissez-le faire trempette dans du yogourt, du fromage à la crème et des purées de fèves, d'avocat, de fruits ou de légumes.

Faites-le ensemble
Même les très jeunes enfants aiment aider. Laissez votre enfant vous aider à laver les légumes ou à mélanger les fruits coupés dans un bol pour faire une salade ; il sera plus intéressé par un plat qu'il a aidé à préparer de ses propres mains. Amenez-le au marché pour vous aider à choisir les bons aliments qu'il mangera plus tard.

Garnissez le dessus
Laisser les tout-petits ajouter une saveur connue, une texture ou une couleur familière pour garnir un nouvel aliment peu alléchant est un moyen d'élargir le menu des jeunes marcheurs à la fine bouche. Parmi les garnitures préférées : du fromage râpé, du guacamole, de la sauce tomate, des pommes et des céréales.

Repas à boire
Si votre enfant préfère boire que manger, créez un smoothie santé avec du lait, des fruits frais, du jus de fruits, du germe de blé, du yogourt et du miel (après 1 an). Ou préparez des potages froids avec des légumes frais, du yogourt, du bouillon et des herbes. Ceux-ci peuvent être pris dans une tasse, un bol ou à l'aide d'une paille.

Tartinade
Les tout-petits aiment les activités qui consistent à tartiner, à graisser ou à peindre. Donnez à bébé son propre petit couteau ou pinceau à tartiner pour qu'il puisse mettre lui-même du fromage à pâte molle, de la purée de légumes ou de la compote de fruits sur des craquelins, du pain grillé ou des gâteaux de riz.

Orzo et arc-en-ciel de légumes

sel

orzo, ½ tasse / 125 ml

huile d'olive extravierge, 1 c. à soupe / 15 ml

romarin frais, haché, 1 c. à thé / 5 ml

poivron rouge et poivron jaune, ½ tasse / 125 ml, coupés en dés

petits pois frais ou congelés, ½ tasse / 125 ml

jus de citron frais, 1 c. à thé / 5 ml

poivre, ⅛ c. à thé / 0,5 ml

DONNE
2 TASSES / 500 ML

● Amenez de l'eau à ébullition dans une casserole. Ajoutez une bonne pincée de sel et l'orzo. Faites cuire en remuant de temps en temps, jusqu'à ce que l'orzo soit tendre, environ 10 minutes, ou selon les directives du fabricant. Égouttez.

● Dans une poêle à frire, faites chauffer l'huile à feu moyen. Ajoutez le romarin et laissez cuire pour faire ressortir les arômes, environ 30 secondes. Ajoutez les poivrons et les pois et faites sauter jusqu'à ce qu'ils soient tendres, environ 3 minutes.

● Ajoutez l'orzo dans la poêle et mélangez-le aux légumes. Aspergez de jus de citron et assaisonnez de sel et de poivre.

Pour conserver Réfrigérez l'orzo dans un contenant hermétique pour une durée maximale de 3 jours.

Ce mets coloré peut être préparé facilement avec l'un ou l'autre des légumes préférés de la famille (courges, maïs, carottes) en remplacement des petits pois et des poivrons. Les différentes couleurs de légumes offrent un ensemble varié d'antioxydants qui aident l'organisme à lutter contre les maladies; choisissez le plus large éventail possible de couleurs lorsque vous préparez ce plat. Bien que l'orzo ressemble à du grain, c'est en fait une pâte de la forme d'un petits grain d'orge.

Sauce aux légumes cachés

Parfois, les parents doivent user d'astuces pour réussir à faire manger des légumes à leurs enfants. Cette sauce contient 2 ingrédients secrets remplis de vitamines dont vous n'avez pas à révéler la présence à vos enfants : des épinards et des patates douces. La sauce rouge épaisse et savoureuse peut être utilisée pour garnir des pâtes ou des boulettes de viande et polenta (page 114), ou peut être servie comme trempette.

huile d'olive,
2 c. à soupe / 30 ml

oignon, ½,
finement
coupé en dés

ail, 1 gousse,
hachée

purée d'épinards,
(p. 95),
¼ tasse / 60 ml

purée de patates
douces (page 26),
¼ tasse / 60 ml

pâte de tomate,
1 c. à soupe / 15 ml

origan séché,
¼ c. à thé / 1 ml

poivre, ¼ c.
à thé / 1 ml

tomates égouttées,
une boîte de
26 oz / 740 ml

mélasse de cuisine
(voir Remarque),
1 c. à soupe / 15 ml

ricotta,
⅓ tasse / 80 ml

DONNE
4 TASSES / 1 LITRE

● Dans une grande casserole, faites chauffer l'huile à feu moyen. Ajoutez l'oignon et faites cuire, en remuant de temps en temps, jusqu'à ce qu'il devienne translucide, environ 4 minutes. Ajoutez l'ail et faites cuire pour faire ressortir les arômes, environ 1 minute. Réduisez le feu, ajoutez les épinards et la purée de patate douce, la pâte de tomate, l'origan et le poivre et faites cuire à feu doux, en remuant souvent, pendant 4 minutes. Augmentez le feu, ajoutez les tomates et la mélasse et portez à ébullition. Réduisez le feu et laissez mijoter à découvert pendant 20 minutes en remuant de temps à temps.

● Divisez la sauce en deux portions et réfrigérez ou congelez une portion pour une utilisation ultérieure. Servez la sauce sur des pâtes ou comme plat d'accompagnement pour faire trempette. Garnissez chaque portion d'une petite cuillérée de ricotta.

Remarque La mélasse régulière peut être utilisée, mais la mélasse de cuisine ajoutera du fer supplémentaire à ce mets, et la vitamine C contenue dans les tomates aidera l'organisme à absorber le fer. Conservez dans un contenant hermétique au réfrigérateur pour une durée maximale de 4 jours ou au congélateur pour une durée maximale de 3 mois.

12 à 18 mois

Couscous aromatique

raisins secs golden,
¼ tasse / 60 ml

beurre non salé,
1 c. à soupe / 15 ml

sel, ½ c. à
thé / 2,5 ml

cannelle et cumin
moulus, ¼ c. à
thé / 1 ml

couscous israélien,
1 tasse / 250 ml

**DONNE ENVIRON
4 TASSES / 1 LITRE**

- Dans une casserole sur un feu moyen-vif, mélangez 1¼ tasse / 300 ml d'eau, les raisins secs, le beurre, le sel, la cannelle et le cumin et portez à ébullition. Incorporez le couscous, réduisez le feu et laissez mijoter à feu doux pendant 3 minutes. Retirez du feu, couvrez et laissez reposer 5 minutes. Mélangez une dernière fois et servez.

Remarque Le couscous régulier, préparé selon les indications du fabricant, peut se substituer au couscous israélien, mais donnera un plat moins riche et moins crémeux. Si vous le désirez, mélangez 1 tasse / 250 ml de poulet citron-menthe en morceaux (ci-dessous) juste après avoir retiré la casserole du feu. Réfrigérez dans un contenant hermétique pour une durée maximale de 3 jours.

Poulet citron-menthe

huile d'olive,
1 c. à thé / 5 ml

jus de citron frais,
1 c. à soupe / 15 ml

menthe fraîche, 1 c.
à thé / 5 ml, hachée

sel et poivre

poitrine de poulet
sans la peau et
désossée d'environ
9 oz / 250 g, 1

**DONNE UNE
POITRINE DE POULET
DE 9 OZ / 250 G**

- Préchauffez le four à 400 °F (200 °C). Placez une grille huilée dans un moule à pâtisserie doublé d'une feuille d'aluminium.

- Dans un petit bol, fouettez ensemble l'huile, le jus de citron, la menthe ; salez et poivrez au goût.

- Mettez le poulet sur la grille préparée et arrosez-le du mélange d'huile et de citron. Faites cuire au four, en retournant le poulet une fois, jusqu'à ce qu'il soit bien cuit et ait perdu sa couleur rose au centre, de 12 à 15 minutes de chaque côté.

Pour conserver Réfrigérez dans un contenant hermétique pour une durée maximale de 3 jours.

L'utilisation de cannelle dans un plat salé est typique de la cuisine du Moyen-Orient. Si vous en assaisonnez le poulet, vous verrez à quel point cette épice chaude complète bien ce plat. Le couscous n'est pas un grain, contrairement à ce que beaucoup de gens pensent, mais est plutôt constitué de petites boules de pâte de semoule de blé. Le couscous israélien est blanc et plus gros que la variété méditerranéenne la plus commune ; on le trouve dans la section des aliments secs en vrac, dans des épiceries spécialisées.

12 à 18 mois

Boulettes de viande et polenta

Voici un mets réconfortant typiquement italien. Le son d'avoine remplace la chapelure traditionnelle dans les boulettes de viande pour un plat plus humide et plus nourrissant. La prochaine fois, servez les boulettes avec de la purée de pommes de terre et des airelles en conserve pour donner une touche suédoise à ces boulettes servies traditionnellement avec de la sauce aux tomates.

huile d'olive en vaporisateur

son d'avoine, ½ tasse / 125 ml

lait entier, ¼ tasse / 60 ml

bœuf haché, 1 lb / 450 g

ail, 1 gousse, hachée ou râpée

aneth séché, 1 c. à soupe / 15 ml

muscade, ⅛ c. à thé / 0,5 ml, fraîchement râpée

sel, ¼ c. à thé / 1 ml

poivre, ¼ c. à thé / 1 ml

œuf, 1, légèrement battu

polenta (p. 94), pour le service

sauce aux légumes cachés (p. 112), pour le service

DONNE 45-50 MINI-BOULETTES DE VIANDE

● Préchauffez le four à 400 °F (200 °C). Tapissez 2 plaques de cuisson de papier d'aluminium et enduisez-les d'huile.

● Dans un grand bol, mélangez le son d'avoine et le lait. Ajoutez le bœuf, l'ail, l'aneth, la muscade, le sel, le poivre et l'œuf. En utilisant vos mains, mélangez les ingrédients jusqu'à ce qu'ils soient homogènes. Prenez garde de ne pas trop travailler le mélange. Façonnez des mini-boulettes et mettez-les sur les plaques de cuisson préparées.

● Faites cuire au four jusqu'à ce qu'elles soient dorées et bien cuites, de 10 à 12 minutes.

● Versez les boulettes de viande sur la polenta et nappez de sauce.

Remarque N'hésitez pas à utiliser des graines de fenouil, de l'origan, ou l'une ou l'autre des herbes et épices préférées de votre famille à la place de la muscade et de l'aneth, pour varier l'assaisonnement. Conservez les boulettes dans un contenant hermétique au réfrigérateur pour une durée maximale de 3 jours ou au congélateur pour une durée maximale de 3 mois. Si vous le souhaitez, garnissez d'une cuillérée de ricotta.

12 à 18 mois

Gâteaux au saumon

Ces petits gâteaux à la semoule de maïs sont un bon moyen de camoufler le poisson et ses bienfaits dans l'alimentation d'une fine bouche. En fait, la saveur douce de la polenta en fait un excellent véhicule pour à peu près tous les légumes, viandes, épices ou sauces. Les petits doigts saisissent avec facilité la polenta cuite au four et coupée en morceaux. Le jus de citron donne à ces gâteaux une saveur vive qui va bien avec le poisson.

bouillon de légumes à faible teneur en sodium, 2 tasses / 500 ml

aneth séché, 1 c. à thé / 5 ml

sel, ⅛ c. à thé / 0,5 ml

poivre, ⅛ c. à thé / 0,5 ml

jus de citron frais, 1 c. à thé / 5 ml

filet de saumon sans peau, ¼ lb / 115 g, coupé en morceaux de 2 po / 5 cm

polenta instantanée, ¾ tasse / 175 ml

beurre non salé, 1 c. à thé / 5 ml

DONNE 9 MORCEAUX CARRÉS DE 1½ PO / 6 CM

● Préchauffez le four à 400 °F (200 °C). Recouvrez de papier sulfurisé ou de papier d'aluminium un plat de cuisson carré de 8 po / 20 cm, en laissant déborder un peu de papier sur les côtés.

● Mettez dans une casserole moyenne 2 tasses / 500 ml d'eau, le bouillon, l'aneth, le sel, le poivre et le jus de citron. Portez à ébullition sur un feu moyen. Ajoutez le saumon et laissez mijoter jusqu'à ce que les morceaux soient opaques, de 4 à 5 minutes. Retirez les morceaux de saumon à l'aide d'une écumoire, tout en réservant le jus de cuisson, et mettez-les dans un bol. Défaites à la fourchette le saumon en petits morceaux.

● Remettez le jus de cuisson à mijoter et incorporez-y doucement la polenta en fouettant. Réduisez le feu à doux et faites cuire en remuant souvent pour éviter que la polenta colle ou bouillonne, jusqu'à ce que tout le liquide ait été absorbé et ait épaissi, environ 10 minutes. Faites attention, car la polenta fera des éclaboussures si la chaleur est trop élevée. Retirez du feu et incorporez le beurre et les flocons de saumon.

● Versez la polenta dans le plat préparé et faites cuire au four jusqu'à ce qu'elle soit prise et que le dessus soit doré, de 30 à 35 minutes. Retirez la polenta du four et laissez-la reposer de 10 à 15 minutes pour qu'elle se raffermisse. Relevez le papier sulfurisé pour transférer la polenta dans une assiette et coupez-la en carrés ou en morceaux de la taille qui convient à votre bébé.

Remarque S'il y a des allergies dans la famille, vous souhaiterez peut-être retarder l'introduction du poisson dans l'alimentation de bébé ; consultez votre pédiatre. Réfrigérez dans un contenant hermétique de 1 à 2 jours.

Taboulé

blé boulgour,
½ tasse / 125 ml

eau bouillante,
1 tasse / 250 ml

jus de citron frais,
¼ tasse / 60 ml

menthe fraîche,
⅓ tasse / 80 ml,
hachée fin

huile d'olive,
¼ tasse / 60 ml

sel et poivre

persil plat frais,
1 gros bouquet

tomate, 1 moyenne

oignon vert, 1

DONNE ENVIRON
2 TASSES / 500 ML

• Mettez le blé boulgour dans un grand bol en verre et versez-y l'eau bouillante. Laissez reposer à température ambiante pendant 1 heure. L'eau sera absorbée en grande partie. Égouttez l'eau restante en pressant sur le boulgour avec vos mains.

• Dans un petit bol, mélangez le jus de citron, la menthe et l'huile. Assaisonnez de sel et de poivre. Versez cette vinaigrette sur le blé boulgour et mélangez jusqu'à ce que les grains de blé soient enrobés.

• Retirez les tiges de persil et jetez-les. Hachez les feuilles de persil au robot culinaire et mesurez-en 1 tasse / 250 ml. Coupez en dés la tomate et l'oignon vert. Ajoutez le persil, la tomate et l'oignon vert au mélange de boulgour et remuez.

• Couvrez et réfrigérez pendant 1 heure ou jusqu'à 1 journée pour permettre aux grains d'absorber la vinaigrette et aux saveurs de se mélanger. Défaites à la fourchette avant de servir.

Remarque Vous pouvez trouver le boulgour au supermarché dans l'allée des pâtes et du riz ou dans les bacs d'aliments secs en vrac. Réfrigérez dans un contenant hermétique pour une durée maximale de 3 jours.

Le persil d'un vert vif, rempli d'antioxydants, l'huile d'olive saine et savoureuse et le blé boulgour de grains entiers riche en fibre se combinent pour faire un excellent plat santé, un classique de la cuisine libanaise. Puisqu'il faut faire tremper le boulgour avant de l'assaisonner et après l'avoir assaisonné, il faut le préparer à l'avance. Mais sa saveur et sa texture sont si exquises que ce mets deviendra assurément un plat apprécié par toute la famille.

12 à 18 mois

Quesadillas poulet et mangue

tortillas au blé entier de 20 cm / 8 po, 4

huile végétale

cheddar, 1½ tasse / 375 ml, râpé

poulet citron-menthe effiloché (p. 113), 1½ tasse / 375 ml

mangue, 1, pelée, dénoyautée et tranchée

coriandre fraîche, ¼ tasse / 60 ml, hachée finement

salsa douce préparée ou crème sure pour le service (facultatif)

DONNE 2 QUESADILLAS

● Préchauffez le four à 375 °F (190 °C). Badigeonnez d'huile 2 tortillas. Placez-les, côté huilé tourné vers le bas, sur une plaque de cuisson. Saupoudrez chaque tortilla d'un quart du fromage, de la moitié du poulet, de la moitié de la mangue, de la moitié de la coriandre et d'un autre quart du fromage. Garnissez d'un autre pain tortilla, en appuyant pour qu'il tienne ; badigeonnez d'huile.

● Faites cuire les quesadillas au four jusqu'à ce que la garniture soit complètement chaude et que les bords commencent à griller, environ 10 minutes. À l'aide d'une grande spatule métallique, retournez soigneusement chaque quesadilla et faites cuire jusqu'à ce que le dessous soit croustillant, environ 5 minutes.

● Transférez les quesadillas dans des assiettes. À l'aide d'un coupe-pizza, coupez les quesadillas en pointes d'une largeur qui convient à votre tout-petit. Laissez refroidir suffisamment le fromage pour empêcher bébé de brûler sa petite langue. Servez avec une salsa légère ou de la crème sure, si vous le désirez.

Pour conserver Emballez soigneusement les quesadillas dans une pellicule de plastique et conservez-les au réfrigérateur pour une durée maximale de 3 jours ou au congélateur pour une durée maximale de 2 semaines.

Les mangues, si riches en vitamines A et C, donnent aux quesadillas de tous les jours un style tropical. Ces quesadillas sont un excellent moyen de faire un deuxième repas avec des restes de poulet, de bœuf ou de porc. Le fromage ajoute un supplément de protéines pour les enfants qui grandissent. Les tortillas leur fournissent des glucides comme source d'énergie. Vous pouvez modifier la couleur et la saveur de ces quesadillas en choisissant parmi une variété de saveur de tortillas : aux épinards, au maïs et à la tomate sont quelques-unes des variantes possibles.

12 à 18 mois

Burritos pour petit trottineur

Le burrito est vraiment le mets par excellence pour passer les ingrédients que vous aimez. Les haricots écrasés sont collants et empêchent les ingrédients de tomber du burrito pendant qu'on le mange. Servez accompagné de riz brun moelleux pour compléter l'apport de protéines. Réchauffez les fèves juste assez pour faire fondre le fromage une fois le burrito bien enveloppé.

haricots pinto en conserve, une boîte 15 oz / 425 g

riz brun pour petit trottineur, ¾ tasse / 175 ml (p. 62)

cheddar fort, ¾ tasse / 175 ml, râpé

salsa douce préparée, 2-3 c. à soupe / 30-45 ml (facultatif)

tortillas au blé entier de 20 cm / 8 po, 6

DONNE 6 BURRITOS DE 15 X 5 CM / 6 X 2 PO

● Rincez les haricots jusqu'à ce que l'eau soit claire et égouttez-les soigneusement. Transférez-les dans un grand bol et écrasez-les au pilon. Dans une casserole moyenne, faites chauffer les haricots.

● Ajouter le riz, le fromage et la salsa (si vous le désirez) aux haricots et mélangez bien. Divisez le mélange en parts égales entre les tortillas. Replier les deux extrémités des tortillas et rouler pour former les burritos.

Pour conserver Idéal pour des petites mains, les burritos peuvent être conservés au congélateur pour un repas de dernière minute, un dîner ou un repas à emporter. Emballez les burritos individuellement dans du papier d'aluminium, puis congelez-les dans un grand sac pour congélateur scellé pour une durée maximale de 3 mois. Pour décongeler les burritos, placez-les au réfrigérateur jusqu'au lendemain.

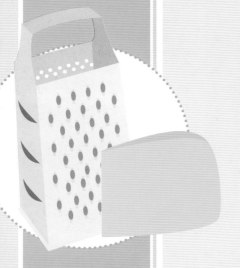

12 à 18 mois

Frites de légumes au four

huile d'olive extravierge

betteraves, ½ lb / 225 g

rutabaga, 1 (½ lb / 225 g)

patate douce, 1 (½ lb / 225 g)

thym frais, 1 c. à soupe / 15 ml, haché

persil plat (persil italien) frais, 1 c. à soupe / 15 ml, haché

sauge fraîche, 1 c. à soupe / 15 ml, hachée

sel de mer, ½ c. à thé / 2,5 ml

DONNE ENVIRON 2 TASSES / 500 ML

- Préchauffez le four à 500 °F (260 °C). Tapissez 2 plaques de cuisson de papier d'aluminium enduit d'huile.

- Pelez la betterave, le rutabaga et la patate douce. À l'aide d'une mandoline ou d'un couteau aiguisé, coupez chaque légume-racine en tranches de ½ po / 1 cm d'épaisseur, puis coupez les tranches en lamelles de ½ po / 1 cm de largeur.

- Dans un petit bol, mélangez le thym, le persil, la sauge et le sel. Dans un grand bol, incorporez aux légumes 2 c. à soupe / 30 ml d'huile et les herbes mélangées.

- Répartissez les légumes en une seule couche sur les plaques de cuisson préparées. Faites cuire au four, en retournant les légumes de temps en temps à l'aide de pinces, jusqu'à ce qu'ils soient tendres et dorés, de 20 à 25 minutes. Transférez-les dans un plateau et épongez-les dans des serviettes de papier.

- Coupez les bâtonnets en dés si nécessaire, selon la taille qui convient à votre tout-petit.

Remarque Les betteraves tacheront d'autres légumes, de même que le bout des doigts et les vêtements. Si vous souhaitez que le rutabaga demeure blanc, mettez les betteraves dans un autre bol et assaisonnez-les dans leur propre bol. Pour conserver, réfrigérez les frites de légumes dans un contenant hermétique pour une durée maximale de 3 jours.

Ces frites de légumes au four faciles à préparer sont constituées d'un mélange de betterave rouge, de rutabaga blanc et de patate douce orange. Non seulement elles sont colorées et délicieuses, mais elles regorgent aussi de bêta-carotène et d'une gamme de vitamines et de minéraux. Comme elles sont faites d'huile d'olive et ne sont pas vraiment cuites par friture, les adultes n'ont pas à se sentir coupables de servir ces frites. L'ajout de fines herbes fraîches saupoudrées les rendra attrayantes pour les enfants et les adultes. Vous pouvez aussi utiliser un seul légume apprécié plutôt qu'un mélange de légumes.

12 à 18 mois

Macaroni au fromage

coudes de macaroni (½ lb / 225 g)

brocoli ou chou-fleur (ou les deux), 1½ tasse / 375 ml, coupé en petits fleurons de taille égale

lait entier, 1 tasse / 250 ml

cheddar fort blanc, (¾ lb / 340 g) râpé (environ 3 tasses / 750 ml)

sel

poivre, ¼ c. à thé / 1 ml

parmesan râpé, 3 c. à soupe / 45 ml

DONNE ENVIRON 4 TASSES / 1 LITRE

● Préchauffez le four à 350 °F (175 °C). Amenez de l'eau à ébullition dans une casserole sur un feu vif. Réduisez le feu et ajoutez le macaroni et les légumes. Laissez mijoter à feu moyen jusqu'à ce que le macaroni soit al dente et que les légumes soient tendres, mais pas trop mous, de 7 à 10 minutes. Égouttez les pâtes et les légumes et remettez-les dans la casserole.

● Dans une petite casserole, faites chauffer le lait sur un feu doux. Ajoutez le lait chaud et le cheddar au macaroni et aux légumes, et mélangez bien. Assaisonnez de sel et de poivre au goût et remuez de nouveau.

● Versez le mélange de pâtes dans un plat de cuisson de 20 cm / 8 po carré en verre ou en céramique. Saupoudrez de parmesan. Faites cuire au four jusqu'à ce que des bulles se forment, environ 15 minutes. Laissez reposer de 5 à 10 minutes avant de servir.

Pour conserver Réfrigérez pour une durée maximale de 3 jours ou congelez pour une durée maximale de 2 mois.

Même le macaroni au fromage en boîte vendu dans les supermarchés doit être cuit aussi; préparer ce plat préféré du début à la fin ne demande pas beaucoup plus d'efforts et les résultats sont nettement meilleurs. Faites-le avec ou sans légumes. Le brocoli et le chou-fleur sont un choix approprié, car le temps de cuisson est le même pour ces légumes que pour les pâtes.

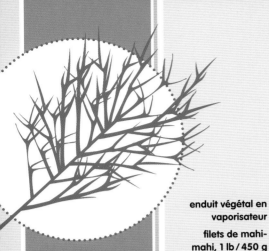

Bâtonnets de poisson et trempette

Ce plat de poisson cuit au four est parfait pour apprêter le mahi-mahi, mais vous pouvez utiliser n'importe quel poisson à chair blanche ferme. Le poisson est une excellente source de protéines et d'acides gras oméga-3 qui favorisent la santé du cœur ; le poisson blanc maigre est plus doux au goût que le poisson gras comme le saumon, ce qui en fait un bon choix pour des mangeurs au palais fin. Le bon goût du fenouil s'agence bien avec le poisson, mais vous pouvez utiliser toutes les herbes de votre choix. Le panko est une chapelure japonaise plus légère et plus croustillante que la chapelure ordinaire.

enduit végétal en vaporisateur

filets de mahi-mahi, 1 lb / 450 g

lait entier, ¼ tasse / 60 ml

farine non blanchie, ¼ tasse / 60 ml

panko ou chapelure ordinaire, ⅔ tasse / 150 ml

aneth frais, haché, 1 c. à thé, ou aneth séché, ½ c. à thé / 2,5 ml

poivre, ⅛ c. à thé / 0,5 ml

beurre non salé fondu, 2 c. à soupe / 30 ml

pointes de citron ou de lime, pour le service

yogourt pour le service

DONNE ENVIRON 8 BÂTONNETS DE POISSON

● Préchauffez le four à 450 °F (230 °C). Tapissez 2 plaques de cuisson de papier d'aluminium et enduisez-les d'huile.

● Rincez et asséchez le poisson à l'aide d'une serviette en papier. Coupez-le en morceaux de 1½ à 2 po / 3 à 5 cm et mesurez l'épaisseur des filets afin de déterminer le temps de cuisson.

● Versez le lait dans un bol peu profond. Mettez la farine dans une assiette. Dans un autre bol, mélangez le panko (ou la chapelure), l'aneth, le poivre et le beurre fondu.

● Trempez chaque morceau de poisson dans le lait, puis enrobez-le de farine. Trempez-le à nouveau dans le lait, puis enrobez-le du mélange de panko. Déposez le poisson sur une plaque de cuisson préparée. Faites cuire au four jusqu'à ce que le poisson se défasse facilement, de 4 à 6 minutes par ½ po / 1 cm d'épaisseur.

● Servez avec des pointes de citron ou de lime ou une trempette faite de yogourt mélangé à du jus de lime.

Remarque En plus du yogourt savoureux, vous pouvez servir toutes les trempettes que votre famille apprécie : la sauce tartare, la sauce cocktail et la sauce miel et moutarde sont de délicieuses solutions. S'il y a des allergies dans la famille, vous souhaiterez peut-être retarder l'introduction du poisson dans l'alimentation de bébé ; consultez votre pédiatre. Réfrigérez dans un contenant hermétique pour une durée maximale de 2 jours.

12 à 18 mois

Ragoût de bœuf consistant

**pommes de terre,
3 moyennes**

**filet de bœuf,
1 lb / 450 g**

**huile d'olive,
2 c. à thé / 10 ml**

sel et poivre

ail, 1 gousse, hachée

**romarin frais, 1 c. à
soupe / 15 ml, haché**

**petits oignons,
15, pelés (voir
Remarque)**

**carottes, 2 moyen-
nes, pelées et cou-
pées en rondins de
1 po / 2,5 cm**

**bouillon de
légumes à faible
teneur en sodium,
1½ tasse / 375 ml**

**vinaigre balsamique,
2 c. à soupe / 30 ml**

**yogourt entier
nature, 1 c. à
soupe / 15 ml**

**DONNE ENVIRON
4 TASSES**

● Coupez les pommes de terre en cubes de 1 po / 2,5 cm et réservez. Enlevez l'excès de gras de la viande et coupez-la en cubes de
1 po / 2,5 cm.

● Dans une grande poêle à frire, faites chauffer l'huile à feu vif. Assaisonnez le bœuf de sel et de poivre et faites cuire, en retournant la viande
une fois, jusqu'à ce qu'elle soit dorée, environ 3 minutes. Transférez dans
une assiette.

● Ajoutez l'ail et le romarin dans la poêle et laissez cuire pour faire
ressortir les arômes, environ 1 minute. Ajoutez les oignons, les pommes
de terre, les carottes, le bouillon et le vinaigre, couvrez et portez à ébullition. Réduisez le feu et laissez mijoter à feu moyen jusqu'à ce que les
légumes soient tendres, de 40 à 45 minutes. Remettez la viande de
bœuf dans la poêle et laissez mijoter jusqu'à ce qu'elle soit bien réchauffée, environ 5 minutes. Incorporez le yogourt pour épaissir la sauce.

● Défaites la portion de viande de votre jeune marcheur selon son âge
et sa capacité à mastiquer.

Remarque Pour peler les petits oignons, laissez tremper les oignons
entiers dans de l'eau bouillante pendant 3 minutes. Retirez-les à l'aide
d'une écumoire et plongez-les dans de l'eau froide pour arrêter la
cuisson. Coupez le bout de la racine et pressez doucement l'extrémité
opposée pour enlever la pelure. Vous pouvez également acheter des
oignons déjà pelés, en pot ou surgelés. Conservez le ragoût dans un
contenant hermétique au réfrigérateur pour une durée maximale de
3 jours ou au congélateur pour une durée maximale de 3 mois.

Ce plat, idéal les
soirs d'hiver, est riche
en protéines et en fer
et convient à toute
la famille. Les petits
oignons blancs sont
particulièrement
attrayants pour les
enfants. La viande et
les légumes seront
tout à fait tendres,
mais vous pouvez
découper la portion
de votre tout-petit en
cas de besoin. Vous
pouvez réduire en
purée une partie de
la portion de votre
tout-petit s'il n'est pas
encore prêt pour une
texture grossière.
Ce plat est excellent
sur un nid de pâtes
ou de grains entiers,
comme du riz brun,
de la polenta, du qui-
noa ou du couscous.

12 à 18 mois

Frittata

gros œufs, 6

herbes fraîches au choix, 1 c. à thé / 5 ml, hachées

sel, ⅛ c. à thé / 0,5 ml

poivre, ⅛ c. à thé / 0,5 ml

beurre non salé, 1 c. à soupe / 15 ml

oignon, ¼ tasse / 60 ml, coupé en dés

légumes ou viande au choix (ou les deux), ¾ tasse / 175 ml, en cubes ou râpés, précuits ou à cuisson rapide (voir suggestions ; facultatif)

fromage au choix, ⅓ tasse / 80 ml, émietté ou râpé

DONNE UNE FRITTATA DE 10 PO / 25 CM

Cette omelette italienne classique est cuite au four. Comme les autres omelettes, la frittata est un mets très nutritif et nourrissant que les tout-petits peuvent prendre avec les doigts. C'est aussi un excellent moyen de passer les restes de viande et de légumes cuits. Elle peut aussi être préparée avec des légumes râpés ou coupés en dés qui ne requièrent aucune cuisson ou qui cuisent rapidement.

● Préchauffez le four à 350 °F (175 °C). Dans un bol moyen, battez ensemble les œufs, les herbes, le sel, le poivre et 1 c. à soupe / 15 ml d'eau.

● Dans une grande poêle à frire allant au four, faites fondre le beurre à feu moyen. Ajoutez l'oignon et faites sauter jusqu'à ce qu'il soit tendre et translucide, environ 3 minutes. Ajoutez les légumes et la viande, si vous en utilisez, et faites sauter pendant 2 minutes pour bien réchauffer. Secouez la poêle pour que les légumes et la viande s'y étendent uniformément. Retirez la poêle du feu et versez-y le mélange d'œufs. Saupoudrez de fromage.

● Faites cuire la frittata au four jusqu'à ce que le centre soit pris et cuit et que les bords soient dorés et se décollent de la poêle, de 10 à 15 minutes. Retirez du four et laissez reposer 5 minutes. Coupez en pointes ou en carrés à l'aide d'un couteau ou d'un coupe-pizza.

Suggestions pour ajouter de la saveur

Utilisez des dés de pommes de terre cuites et de jambon, du gruyère râpé et du romarin frais haché.

Utilisez des légumes crus de votre choix (courgettes, poivrons rouges, tomates) râpés ou coupés en petits dés, du fromage de chèvre fraîchement émietté et du basilic ou du thym frais. Ou utilisez des légumes cuits coupés en dés.

Utilisez des olives noires niçoises et des tomates séchées hachées, de la feta émiettée et de l'aneth frais.

Remarque S'il y a des allergies dans la famille, vous souhaiterez peut-être retarder l'introduction des œufs dans l'alimentation de bébé ; consultez votre pédiatre. Pour conserver, réfrigérez la frittata soigneusement enveloppée pour une durée maximale de 1 jour.

12 à 18 mois

Scones aux canneberges et à l'orange

Votre enfant est encore trop jeune pour savoir que les canneberges sont également connues sous le nom d'atocas ou atacas. De la famille des bleuets, ces petites baies sont parmi les fruits les plus riches en antioxydants. Pour déjeuner, pour dîner ou comme collation, ces mini-scones parsemés de fruits conviennent bien aux petites mains de bébé.

farine à pâtisserie de blé entier, 2 ½ tasses / 625 ml

cassonade, ½ tasse / 125 ml, bien tassée

poudre à pâte, 2 c. à thé / 10 ml

bicarbonate de sodium, 1 c. à thé / 5 ml

sel, 1 c. à thé / 5 ml

zeste d'orange, 1 c. à soupe / 15 ml, finement râpé

beurre non salé, 6 c. à soupe / 90 ml, coupé en morceaux

lait entier, ½ tasse + 1 c. à soupe / 140ml

gros œuf, 1, légèrement battu

jus d'orange frais, 3 c. à soupe / 45 ml

canneberges séchées, ⅓ tasse / 80 ml, en morceaux

DONNE 32 MINI-SCONES

● Préchauffez le four à 400 °F (200 °C). Recouvrez 2 plaques à pâtisserie de papier sulfurisé ou de papier d'aluminium.

● Dans un robot culinaire, combinez la farine, le sucre, la poudre à pâte, le bicarbonate de sodium, le sel et le zeste d'orange. Malaxez. Ajoutez le beurre et malaxez jusqu'à ce que le mélange ressemble à des flocons d'avoine. Ajoutez le lait, l'œuf et le jus d'orange et malaxez jusqu'à ce que le mélange se tienne, environ 20 secondes. Transférez la pâte dans un bol et incorporez-y les canneberges à l'aide d'une cuillère en bois.

● Versez la pâte sur une surface de travail légèrement enfarinée et pétrissez légèrement la pâte en boule. Elle sera collante et pourrait devoir être saupoudrée de farine. À l'aide d'un rouleau à pâtisserie, abaissez la pâte à ½ po / 1 cm d'épaisseur. Enfarinez un emporte-pièce rond de 1½ po / 4 cm et découpez autant de scones que possible. Placez les rondelles sur les 2 plaques à pâtisserie préparées en laissant une distance de 2 po / 5 cm entre chaque scone. Rassemblez des chutes de pâte, pétrissez-les ensemble, abaissez-les au rouleau et découpez-y des scones supplémentaires. Répétez jusqu'à ce qu'il ne reste plus de pâte.

● Faites cuire au four jusqu'à ce que les scones soient dorés, 6 ou 7 minutes. À l'aide d'une spatule, transférez les scones sur une grille et laissez-les refroidir.

Remarque Pour un soupçon de créativité, utilisez des emporte-pièces de diverses formes plutôt que de forme ronde. Si un enfant vous sert d'aide-cuisinier, sachez que cette pâte est très collante et salissante. Conservez les scones dans un contenant hermétique à température ambiante pour une durée maximale de 3 jours ou au congélateur pour une durée maximale de 3 mois.

12 à 18 mois

Galettes d'avoine aux abricots séchés

enduit végétal en
vaporisateur

flocons d'avoine
à l'ancienne,
2 tasses / 500 ml

cannelle moulue,
½ c. à thé / 2,5 ml

bicarbonate de
sodium, ½ c. à
thé / 2,5 ml

sel, ⅛ c. à thé / 0,5 ml

beurre non salé
fondu, 2 c. à
soupe / 30 ml

miel, 1 c. à
soupe / 15 ml

abricots séchés,
3 c. à soupe / 45 ml,
hachés finement

noix de coco non
sucrée finement
râpée, 2 c. à
soupe / 30 ml

DONNE DE 15 À
18 GALETTES DE
2 PO / 5 CM

● Préchauffez le four à 400 °F (200 °C). Tapissez 2 plaques de cuisson de papier d'aluminium et enduisez-les d'huile.

● Dans un bol à mélanger, combinez l'avoine, la cannelle, le bicarbonate de sodium et le sel. Faites un puits au centre du mélange et ajoutez-y le beurre et le miel. Mélangez à l'aide d'une spatule en caoutchouc jusqu'à ce que l'avoine soit complètement enrobée. Ajoutez les abricots et la noix de coco au mélange. Faites chauffer 1 tasse / 250 ml d'eau dans une théière ou une casserole jusqu'à ce que l'eau soit très chaude mais non bouillante. Ajoutez l'eau chaude au mélange d'avoine, 2 c. à soupe / 30 ml à la fois, en remuant après chaque ajout à l'aide d'une spatule en caoutchouc, jusqu'à ce que l'avoine devienne humide et collante. Vous n'aurez pas besoin d'utiliser toute l'eau. Pétrissez la pâte d'avoine une dernière fois avec vos mains mouillées. La pâte sera collante et détachée.

● Déposez la pâte à la cuillère sur les plaques de cuisson préparées. Avec les doigts, façonnez la pâte d'avoine en forme de galette ronde de 2 po / 5 cm.

● Faites cuire les galettes au four jusqu'à ce que les bords soient dorés et les centres fermes et non collants, environ 15 minutes. Transférez les galettes sur une grille pour qu'elles refroidissent complètement. Les galettes seront croustillantes une fois refroidies.

Pour conserver Gardez les galettes dans un contenant hermétique à température ambiante pour une durée maximale de 3 jours ou au congélateur pour une durée maximale de 3 mois.

Voici une façon de servir du gruau à votre enfant sans avoir à vous battre avec la cuillère. Vous aurez envie de partager ce déjeuner avec votre tout-petit, car il fournit tous les éléments nutritifs solides de l'avoine à grains entiers, en plus d'une bonne mesure de fruits, mais sans le sucre, les additifs et les agents de conservation que l'on trouve dans la plupart des barres de céréales préemballées.

Gaufres des fins de semaine

Ces gaufres légères et veloutées garnies d'une sauce sucrée aux bananes et à l'érable sont parfaites pour toute la famille et idéales pour un déjeuner de fin de semaine. Mais pensez au-delà de samedi et de dimanche et faites des gaufres supplémentaires pour que votre enfant puisse en bénéficier pour un déjeuner ou une collation en milieu de semaine. Au lieu de la sauce aux bananes, essayez une simple garniture de yogourt nature et de fruits.

gros œufs, 4, les jaunes séparés des blancs, à température ambiante

jus d'orange frais, 1/3 tasse / 80 ml

extrait de vanille, 1/2 c. à thé / 2,5 ml

lait entier, 1 1/4 tasse / 300 ml

farine à pâtisserie de blé entier, 1 tasse / 250 ml

farine non blanchie tout usage, 1 tasse / 250 ml

poudre à pâte, 1 c. à thé / 5 ml

sel, 1/4 c. à thé / 1 ml

huile, pour le graissage

banane, 1 grosse, en tranches

sirop d'érable pur, 1/3 tasse / 80 ml

DONNE 7 OU 8 GAUFRES DE 8 PO / 20 CM

● Dans un grand bol, fouettez légèrement les jaunes d'œufs. Ajoutez le jus d'orange et la vanille et combinez en battant. Ajoutez le lait en fouettant délicatement pour bien combiner les ingrédients.

● Mettez les blancs d'œufs dans un grand bol à mélanger propre. À l'aide d'un batteur à main, battez à haute vitesse les blancs jusqu'à ce qu'ils soient fermes et forment des pics lorsque le batteur est relevé, soit environ 2 minutes.

● Dans un grand bol, mélangez la farine, la poudre à pâte et le sel à l'aide d'une cuillère en bois jusqu'à consistance homogène. Incorporez lentement les ingrédients secs dans le mélange de jaunes d'œufs et continuez à remuer jusqu'à ce que la pâte soit lisse. Incorporez délicatement les blancs d'œufs à l'aide d'une spatule en caoutchouc pour combiner le tout.

● Préchauffez et graissez un gaufrier. Versez suffisamment de pâte pour remplir le gaufrier (environ 3/4 de tasse / 175 ml), fermez et laissez cuire jusqu'à ce que le signal indique d'ouvrir le gaufrier. Retirez soigneusement la gaufre et gardez-la au chaud dans un four à 200 °F (95 °C). Répétez l'opération avec le reste de la pâte.

● Pour faire la sauce : dans une petite casserole, faites chauffer la banane et le sirop sur un feu doux. Faites cuire, en brassant de temps à autre avec une spatule en bois ou une spatule résistant à la chaleur pour défaire les rondelles de banane, jusqu'à ce que le sirop soit chaud, de 5 à 7 minutes.

● Servez les gaufres nappées de sauce aux bananes et à l'érable. Certains enfants, à ce stade, aiment faire trempette. Si c'est le cas de votre bambin, coupez les gaufres en lanières et servez la sauce à côté.

Pour conserver Réfrigérer les gaufres dans un contenant hermétique pour une durée maximale de 3 jours, ou enveloppez-les dans du papier ciré, puis dans des sacs de congélation, et congelez-les pour une durée maximale de 1 mois.

12 à 18 mois

Crêpes à la citrouille

Les crêpes à la citrouille sont un mets familial traditionnel d'automne et d'hiver que les tout-petits peuvent partager aussi. Grâce à la citrouille, ces savoureuses crêpes offrent une bonne dose de vitamines A et C et de bêta-carotène. Servez-les accompagnées de fruits frais, de yogourt nature ou de sirop d'érable pur.

lait entier,
1 tasse / 250 ml

purée de citrouille en conserve,
½ tasse / 125 ml

gros œuf, 1, jaune séparé du blanc, à température ambiante

huile de canola,
2 c. à soupe / 30 ml

vinaigre blanc, 1 c. à soupe / 15 ml

farine de blé entier,
1 tasse / 250 ml

cassonade, 2 c. à soupe / 30 ml

poudre à pâte, 2 c. à thé / 10 ml

bicarbonate de sodium, 1 c. à table / 15 ml

sel,
1 c. à thé / 5 ml

cannelle moulue,
1 c. à thé / 5 ml

piment de la Jamaïque moulu,
¼ c. à thé / 1 ml

muscade,
¼ c. à thé / 1 ml, fraîchement râpée

enduit végétal en vaporisateur

DONNE DIX CRÊPES DE 5 PO / 12 CM

● Dans un grand bol à mélanger, battez ensemble le lait, la purée de citrouille, le jaune et le blanc d'œuf, l'huile et le vinaigre pour bien mélanger.

● Dans un autre bol, combinez la farine, le sucre, la poudre à pâte, le bicarbonate de sodium, le sel, la cannelle, le piment de la Jamaïque et la muscade et mélangez bien. Incorporez le mélange à la farine dans le mélange à la citrouille à l'aide d'une cuillère en bois jusqu'à ce que le tout soit homogène. Laissez la pâte reposer 5 minutes pour des gâteaux plus moelleux. La pâte sera épaisse.

● Enduisez d'huile et chauffez une grande plaque ou poêle à frire antiadhésive sur un feu moyen. Versez la pâte, ¼ de tasse par crêpe, et étendez-la dans la poêle avec une cuillère pour l'aplatir. Faites cuire jusqu'à ce que des bulles se forment sur le dessus de la crêpe, de 2 à 3 minutes. Retournez la crêpe et faites cuire jusqu'à ce qu'elle soit dorée sur le second côté, environ 1 minute. Gardez la crêpe au chaud dans un four à basse température. Répétez l'opération avec le reste de la pâte. Servez tiède.

Pour conserver Réfrigérer les crêpes dans un contenant hermétique pour une durée maximale de 3 jours, ou enveloppez-les dans du papier ciré, puis dans des sacs de congélation, et congelez-les pour une durée maximale de 1 mois.

12 à 18 mois

Pouding au riz

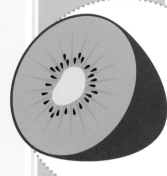

kiwi, ⅓ tasse / 80 ml, en petits dés

mangue, ⅓ tasse / 80 ml, en petits dés

papaye, ⅓ tasse / 80 ml, en petits dés

lait entier, 2 ¼ tasses / 560 ml

riz basmati, ¾ tasse / 175 ml

extrait de vanille, 1 c. à thé / 5 ml

muscade, ⅛ c. à thé / 0,5 ml, fraîchement râpée

miel, ⅓ tasse / 80 ml

lait évaporé, ⅓ tasse / 80 ml

noix de coco, ⅓ tasse / 80 ml, non sucrée, séchée et râpée

DONNE QUATRE RAMEQUINS DE 3 ½ PO / 8 CM

● Dans un petit bol, combinez le kiwi, la mangue et la papaye. Couvrez et réfrigérez jusqu'à utilisation.

● Dans une grande casserole, mélangez le lait et le riz et portez à ébullition sur un feu moyen. Couvrez, réduisez le feu et laissez mijoter à feu doux jusqu'à ce que le liquide soit absorbé, environ 15 minutes. Retirez la casserole du feu. Incorporez la vanille, la muscade, le miel et le lait évaporé. Ajoutez la noix de coco et mélangez à la fourchette pour défaire le riz et combiner tous les ingrédients.

● Versez le mélange à la cuillère dans quatre ramequins de 3½ po (8 cm) et recouvrez-les de papier d'aluminium. Placez les ramequins dans un plat creux, placez le plat sur la grille du four tirée vers l'extérieur et versez de l'eau chaude dans le plat creux jusqu'à environ les deux tiers des côtés des ramequins. Glissez la grille dans le four et faites cuire pendant 30 minutes. Retirez le papier d'aluminium et continuez la cuisson jusqu'à ce que les pointes sur les poudings soient d'un brun doré, environ 15 minutes de plus. Retirez les ramequins du four et laissez refroidir.

● Servez les poudings dans les ramequins, garnis de fruits. Vous pouvez aussi faire glisser un couteau autour du rebord de chaque ramequin, puis retourner les poudings dans des assiettes et les servir garnis de fruits.

Remarque N'hésitez pas à utiliser du riz au jasmin pour une saveur légèrement sucrée. Réfrigérez dans un contenant hermétique pour une durée maximale de 1 jour.

Ce pouding, couronné de fruits tropicaux juteux, riches en vitamines, constitue un dessert spécial pour les tout-petits et termine agréablement bien un repas d'adultes. C'est aussi une version sans œuf d'un plat classique réconfortant qui convient aux bébés et aux jeunes marcheurs qui ne mangent pas encore d'œufs. Les plus grands peuvent apprécier le pouding au riz chaud, tiède ou froid, mais assurez-vous de laisser refroidir complètement le ramequin que vous servirez à bébé.

Petits gâteaux aux carottes

Le choix parfait pour célébrer le premier anniversaire de bébé ! Ces petits gâteaux ne contiennent pas de raisins secs qui pourraient étouffer les jeunes fêtards ni de noix qui pourraient nuire aux enfants allergiques. Bravo pour les carottes : elles sont saines et ont une saveur douce et délicieuse. On peut facilement faire cuire cette pâte à vocations multiples dans des moules à gâteaux standard, miniatures ou Bundt.

orange, 1

carottes,
6 oz / 170 g

huile de canola,
½ tasse / 125 ml

cassonade,
½ tasse / 125 ml,
bien tassée

gros œufs, 2

farine non blanchie
tout usage,
1 tasse / 250 ml

farine à pâtisserie
de blé entier,
½ tasse / 125 ml

bicarbonate de
sodium, 1 c. à
thé / 5 ml

cannelle moulue,
1 c. à thé / 5 ml

muscade, ¼ c.
à thé / 5 ml,
fraîchement râpée

sel, ¼ c. à
thé / 5 ml

fromage à la
crème, 6 oz / 170 g

sucre à glacer,
½ tasse / 125 ml

DONNE 12 PETITS GÂTEAUX, 24 MINI-GÂTEAUX OU 6 MINI-GÂTEAUX BUNDT

● Préchauffez le four à 400 °F (200 °C). Râpez le zest d'orange en utilisant les petits trous de la râpe. Mesurez 1 c. à thé / 5 ml de zeste (plus 2 c. à thé / 10 ml de garniture si vous le désirez) et mettez de côté. Pressez l'orange et mesurez-en 1 c. à soupe / 15 ml de jus. Réservez.

● Râpez les carottes en utilisant les gros trous de la râpe. Cela devrait vous donner environ 1½ tasse / 375 ml de carottes. Réservez.

● Dans un grand bol, combinez l'huile et le sucre en mélangeant bien, puis ajoutez les œufs, un à la fois. Ajoutez la farine, le bicarbonate de sodium, la cannelle, la muscade, le sel et 1 c. à thé / 5 ml de zeste d'orange et battez pour bien combiner le tout. Incorporez les carottes râpées.

● Placez 12 moules de papier dans un moule à muffins. À l'aide d'une cuillère, remplissez à moitié de pâte chaque moule. Faites cuire au four jusqu'à ce qu'un cure-dent inséré au centre d'un petit gâteau en ressorte propre, de 15 à 20 minutes. Si vous utilisez des moules miniatures, faites cuire au four de 10 à 12 minutes. Si vous utilisez des moules à gâteaux Bundt, faites cuire au four de 20 à 25 minutes. Retirez les petits gâteaux du moule et laissez-les refroidir sur une grille pendant que vous préparez le glaçage.

● Pour faire le glaçage : dans un bol moyen, battez le fromage à la crème à l'aide d'un batteur à main jusqu'à consistance lisse et crémeuse. Tamisez le sucre à glacer sur le fromage à la crème et battez pour bien combiner. Ajoutez le jus d'orange et battez jusqu'à consistance crémeuse.

● Une fois les petits gâteaux refroidis, étalez-y le glaçage à l'aide d'un couteau de table ou d'une spatule métallique. Si vous le désirez, saupoudrez un peu de zeste d'orange sur chaque petit gâteau.

Pour conserver Gardez dans un contenant hermétique à température ambiante pour une durée maximale de 3 jours.

Éléments nutritifs essentiels
pour les jeunes bébés

En tant que parent, vous avez la pleine maîtrise de l'alimentation de votre bébé. Vous pouvez contribuer à lui donner un excellent début en vous renseignant sur ses besoins nutritionnels et en comblant ceux-ci avec une grande variété d'aliments sains. Notez que les aliments indiqués en italique ci-dessous peuvent ne pas convenir aux bébés de moins de 1 an, en particulier les bébés qui ont tendance à avoir des allergies ; consultez votre pédiatre pour savoir quand introduire ces aliments.

Éléments nutritifs	Pourquoi bébé en a besoin	Meilleures sources alimentaires
Protéines	Les protéines sont les matériaux de construction de l'organisme ; elles sont utilisées pour la construction des cellules, des muscles et des organes. Les bébés ont besoin d'un apport relativement plus élevé de protéines que les adultes, car ils sont en pleine croissance. Un enfant d'un an a besoin de 15 g de protéines par jour.	Lait maternel, lait de formule, *autres laits, blanc d'œuf, poisson*, fromage, yogourt, viande (surtout le bœuf maigre), haricots et autres légumineuses (y compris le *soja*), volaille, amarante et quinoa (considéré comme une céréale, mais techniquement une graine) ; céréales combinées à des haricots et autres légumineuses ou à du fromage.
Calcium	Le calcium est un minéral qui contribue à la croissance des os et des dents, aide à la fonction des muscles et favorise la force physique. Plus la croissance des os est forte pendant l'enfance, plus les os sont en santé à l'âge adulte. La présence de vitamine C augmente l'absorption du calcium (voir page 138).	Lait maternel, lait de formule, *lait animal (vache, chèvre)*, yogourt, fromage, *poisson gras (saumon, sardines)*, mélasse de cuisine, artichauts, légumes vert foncé (*épinards*, brocoli), haricots et autres légumineuses (y compris le *soja*), graines de sésame, amarante, *jus d'orange enrichi, lait de soja*.
Zinc	Maintient un système immunitaire fort et favorise la croissance.	*Germe de blé*, viande, *lait animal*, haricots et autres légumineuses, *maïs*.

Éléments nutritifs	Pourquoi bébé en a besoin	Meilleures sources alimentaires
Fer	Le fer est un minéral qui entre dans la composition de l'hémoglobine, substance qui sert à transporter l'oxygène dans le flux sanguin vers toutes les cellules de l'organisme. Il aide également à la bonne fonction cérébrale. Les bébés nés à terme ont une réserve de fer qui dure environ 6 mois ; ils en reçoivent aussi par le lait maternel (qui contient une petite quantité de fer fort utile) ou le lait de formule enrichi. La présence de vitamine C augmente l'absorption du fer (page 138) ; le lait de vache en diminue l'absorption.	Lait maternel, bœuf, agneau, porc, foie, dinde et poulet (en particulier la viande brune), *huîtres, palourdes, crevettes,* haricots et autres légumineuses (y compris le *soja*), artichauts, pommes de terre avec la pelure, citrouille, patates douces, figues, pruneaux, pêches et abricots séchés, raisins secs, mélasse de cuisine, pain et pâtes de grains entiers, légumes verts à feuilles, lait de formule enrichi et céréales.
Gras	Comme pour les protéines, les besoins en gras d'un bébé, toute proportion gardée, dépassent largement ceux d'un adulte. Les tissus du cerveau, en particulier, sont composés principalement de gras ; les gras aident l'organisme à utiliser les vitamines et à produire des hormones. Les gras mono-insaturés et polyinsaturés, en particulier les acides gras oméga-3, sont les meilleurs types de gras ; les gras saturés ne sont pas aussi bons pour la santé des adultes et devraient être consommés par ceux-ci avec modération, mais sont des gras sains pour les jeunes enfants. Jusqu'à l'âge de 2 ans, les bébés devraient recevoir des produits laitiers entiers plutôt que des produits à teneur réduite en gras.	Lait maternel, lait de formule ; pour les gras non saturés, *saumon*, huile de lin, avocats, fruits et huiles végétales (en particulier l'huile d'olive et de canola), *beurre de noix, beurre d'arachide, soja, germe de blé* ; pour les gras saturés, *lait animal*, yogourt, fromage, *œufs*, viande, volaille.

Éléments nutritifs	Pourquoi bébé en a besoin	Meilleures sources alimentaires
Fibres	Maintiennent le système digestif en bon état de fonctionnement et régulent la quantité de cholestérol dans le sang. Il est à noter que des fibres en trop grandes quantités dans l'alimentation d'un bébé peuvent interférer avec l'absorption des minéraux et peuvent provoquer de la diarrhée ou des maux d'estomac.	Fruits, légumes, céréales. Pour ajouter des fibres à l'alimentation, ne pas enlever les pelures comestibles des aliments frais et choisir des produits de grains entiers plutôt que des produits raffinés (riz brun plutôt que riz blanc, par exemple).
Vitamine A	Favorise la santé des yeux, de la peau et des dents, renforce le système immunitaire.	Foie, carottes, patates douces, citrouille, abricots, *légumes verts à feuilles*, *mangue*, *cantaloup*, *thon*.
Vitamine C	Construit le tissu conjonctif pour des muscles et des os stables ; augmente l'absorption du fer ; a des propriétés anti-oxydantes stimulant le système immunitaire et favorisant la guérison des blessures.	*Goyave*, *papaye*, *cantaloup*, *kiwis*, *fraises*, *jus d'orange*, *piments*, poivrons doux jaunes, brocoli.
Vitamine D	Favorise la solidité des os. En raison de leur croissance osseuse rapide, les bébés de moins de 2 ans ont besoin d'un apport quotidien de vitamine D plus élevé que les adultes.	La meilleure source est l'exposition à la lumière du soleil par temps chaud (20 minutes, 2 ou 3 fois par semaine). Toutefois, étant donné qu'il est recommandé d'utiliser un écran solaire et que celui-ci bloque la production de vitamine D, de nombreux pédiatres prescrivent maintenant des gouttes de vitamine D pour les bébés. Les sources alimentaires comprennent le lait, le *poisson*, le yogourt, le fromage, les *œufs*, le foie, les aliments enrichis (comme le *lait de formule*) et les suppléments vitaminiques.

Éléments nutritifs	Pourquoi bébé en a besoin	Meilleures sources alimentaires
Autres vitamines	Chez l'homme, 13 vitamines sont nécessaires pour le maintien d'une bonne santé. En plus de celles énumérées précédemment, votre bébé a besoin de thiamine (vitamine B1), de riboflavine (vitamine B2), de niacine (vitamine B3), d'acide pantothénique (vitamine B5), de vitamine B6 (pyridoxine), de biotine (vitamine B7), d'acide folique (vitamine B9), de vitamine B12 (cobalamine), de vitamine E et de vitamine K.	Servez à bébé une grande variété d'aliments pour vous assurer que votre enfant reçoit tous les minéraux, vitamines et oligo-éléments nécessaires. Le lait maternel contient tous les nutriments essentiels dont un bébé a besoin, tout comme le lait de formule commercial, à condition que bébé boive la quantité recommandée. Demandez conseil à votre pédiatre au sujet des préparations multivitaminiques.
Autres minéraux	En plus des sels minéraux énumérés précédemment, les minéraux suivants sont nécessaires à une bonne santé : le magnésium, le phosphore, le potassium, le cuivre et le sodium.	Voir ci-dessus.
Oligo-éléments	Des quantités infimes des éléments suivants sont nécessaires à une bonne santé : l'iode, le manganèse, le sélénium, le chrome, le cobalt, le fluor et le molybdène.	Voir ci-dessus.

Remarque sur le régime végétarien Si vous désirez soumettre votre bébé à un régime végétarien, travaillez en partenariat avec votre pédiatre. Des précautions doivent être prises à l'égard d'un nourrisson végétarien afin qu'il reçoive suffisamment de protéines, de gras, de calcium, de fer, de zinc et de vitamines B12 et D. L'alimentation végétalienne intégrale pour un bébé n'est pas recommandée par l'*American Academy of Pediatrics*.

Index

Catalogage avant publication de
nationales du Québec et Bibliothè

Barnes, Lisa

   Cuisiner pour votre bébé

   Traduction de: Cooking for baby.

   Comprend un index.

   ISBN 978-2-89654-120-1

   1. Cuisine (Aliments pour nourrissons). 2.
3. Tout-petits – Alimentation. I. Titre.

TX740.B3714 2009   641.5'622

POUR L'AIDE À LA RÉALISATION DE SON PROGRAMME ÉDITORIAL,
Le gouvernement du Canada par l'entremise du
pement de l'industrie de l'édition (PADIÉ) ; la So
entreprises culturelles (SODEC) ; l'Association p
canadien (AELC).
Le gouvernement du Québec – Programme de c
de livres – Gestion SODEC.

Titre original : *Cooking for Baby*
Copyright © 2008 par Weldon Owen Inc.

Pour l'édition en langue française :

Copyright © Broquet inc., Ottawa 2009
Dépôt légal – Bibliothèque et Archives nationales
Bibliothèque et Archives Canada
3e trimestre 2009

TRADUCTION Patricia Ross
RÉVISION Andrée Laprise, Diane Martin
INFOGRAPHIE Sandra Martel

Imprimé en Chine
ISBN 978-2-89654-120-1